사도행전_2

ACTS 09 - 16

일러두기 ● 이 교재는 《다시 보는 사도행전》에서 채택한 본문으로 구성되었습니다.

● 이 책에서는 개역개정판 성경을 인용하였습니다.

● 성경을 인용할 때, 절의 전체를 인용할 경우에는 큰따옴표(" ")로,
절의 일부를 인용할 경우에는 작은따옴표(' ')로 표기하였으나
예수님이 직접 하신 말씀을 인용한 경우에는 때에 따라 큰따옴표로 표기하였습니다.

● 본문에 《 》로 표기된 것은 도서를, 〈 〉로 표기된 것은 작품을 가리킵니다.

성경공부 시리즈 107

사도행전_2

2019년 9월 10일 초판 1쇄 인쇄
2019년 9월 24일 초판 1쇄 발행

지은이 박영선

기획 강선, 서정걸, 안성희, 윤철규

편집 문선형, 정유진

디자인 조윤주

마케팅 강동현

경영지원 김내리

펴낸이 최태준

펴낸곳 무근검

주소 서울특별시 송파구 올림픽로 4길 17, A동 301호

홈페이지 www.facebook.com/lampbooks **전화** 02-420-3155 **팩스** 02-419-8997

등록 2014. 2. 21. 제2014-000020호

ISBN 979-11-87506-35-5 03230

성경공부 시리즈 107

사도행전_2

ACTS 09-16

The Acts
of Apostles

박영선 지음

들어가는 말

본 교재는 남포교회 구역 모임을 위해 준비되었습니다. 박영선 목사의 사도행전 강해 설교집인《다시 보는 사도행전》을 저본으로, 신앙생활에서 잊지 말아야 할 가르침과 교회 생활을 하며 함께 생각해 보아야 할 점들을 염두에 두고 열한 장을 가려 뽑았습니다. 사도행전을 더 깊이 공부하길 원하는 분은 위의 설교집을 읽으면 도움이 될 것입니다. 이 공부를 통해 신앙의 핵심을 되새기고 더욱 풍성한 교회 생활을 누리기를 바랍니다.

차례

01

우리의 약함도
감싸신다

23 여러 날이 지나매 유대인들이 사울 죽이기를 공모하더니 **24** 그 계교가 사울에게 알려지니라 그들이 그를 죽이려고 밤낮으로 성문까지 지키거늘 **25** 그의 제자들이 밤에 사울을 광주리에 담아 성벽에서 달아 내리니라 **26** 사울이 예루살렘에 가서 제자들을 사귀고자 하나 다 두려워하여 그가 제자 됨을 믿지 아니하니 **27** 바나바가 데리고 사도들에게 가서 그가 길에서 어떻게 주를 보았는지와 주께서 그에게 말씀하신 일과 다메섹에서 그가 어떻게 예수의 이름으로 담대히 말하였는지를 전하니라 **28** 사울이 제자들과 함께 있어 예루살렘에 출입하며 **29** 또 주 예수의 이름으로 담대히 말하고 헬라파 유대인들과 함께 말하며 변론하니 그 사람들이 죽이려고 힘쓰거늘 **30** 형제들이 알고 가이사랴로 데리고 내려가서 다소로 보내니라 **31** 그리하여 온 유대와 갈릴리와 사마리아 교회가 평안하여 든든히 서 가고 주를 경외함과 성령의 위로로 진행하여 수가 더 많아지니라 (행 9:23-31)

복음은 하나님의 일하심

스데반이 죽은 후, 예수 믿는 자들을 잡으러 살기등등하게 다메섹으로 가던 사울이 예수를 만나 회심하여 하나님의 사람으로 변모합니다. 사울의 회심 사건과 이후 그의 삶의 궤적을 보면, 마치 오케스트라 연주에서 가장 격정적인 대목을 보는 듯합니다. 이토록 격정적인 연주를 하나님이 지휘하시는데, 사울은 마치 지휘자의 손에 들린 지휘봉과 같습니다.

복음은 이론이나 지식 같은 것이 아닙니다. 잘 설명한다고 해서 모두가 이해할 수 있는 것도, 누구나 원하면 마음대로 소유할 수 있는 것도 아닙니다. 복음은 하나님의 일하심입니다. 사울을 붙잡아 일하시며, 사도행전에 기록된 구원의 역사를 이루시고, 우리 시대에 이르기까지 구원을 이루시는 주권자는 바로 하나님입니다. 사도 바울은 자신의 사역에 대해서도 이렇게 이해하며 이런 이해를 형제들에게 전합니다.

> 형제들아 내가 너희에게 나아가 하나님의 증거를 전할 때에 말과 지혜의 아름다운 것으로 아니하였나니 내가 너희 중에서 예수 그리스도와 그가 십자가에 못 박히신 것 외에는 아무 것도 알지 아니하기로 작정하였음이라 내가 너희 가운데 거할 때에 약하고 두려워하고 심히 떨었노라 내 말과 내 전도함이 설득력 있는 지혜의 말로 하지 아니하고 다만 성령의 나타나심과 능력으로 하여 너희 믿음이 사람의 지혜에 있지 아니하고 다만 하나님의 능력에 있게 하려 하였노라 (고전 2:1–5)

바울은 복음을 전할 때, 더 나은 설명과 선포를 위해 인간의 지혜나 능력이 필요하지 않다는 점을 깨달았다고 합니다. 복음 전파는 오직 하나님의 능력으로만 가능합니다. 하나님의 능력이란 인간이 할 수 없는 것을 이루시는 하나님의 일하심이며 하나님의 성의입니다. 우리가 열심히 하나님을 도와야 비로소 복음이 전해지는 것이 아닙니다. 하나님이 친히 우리를 세우시고, 복음을 우리 입에 담으셔서 당신이 택하신 사람들에게로 보내십니다.

　복음이 사람의 말과 지혜로 전해지는 것이 아님을 깨달은 바울은 매우 조심스러운 태도로 고린도 교회에 갑니다. "내가 너희 중에서 예수 그리스도와 그가 십자가에 못 박히신 것 외에는 아무 것도 알지 아니하기로 작정하였음이라"(고전 2:2). 바울은 예수 그리스도와 그가 십자가에 못 박히심으로 드러난 복음만 붙들고 가기로 작정합니다. 이제 이루어질 일은 하나님이 하시는 일이기 때문입니다. 자신에게 찾아오셨던 하나님이 동일하게 고린도 교회에도 그리하실 것이라고 이해합니다.

그래서 '내가 너희 가운데 거할 때에 약하고 두려워하고 심히 떨었'(고전 2:3)다고 합니다. 왜 두려워하고 떨었을까요? 복음에 드러난 심오한 하나님의 역사가 자신 때문에 저급하게 왜곡되어 전달되거나, 복음이 단지 하나의 말에 불과한 정도로 이해될까 봐 염려했기 때문입니다.

이해되지 않는 신앙 현실

'하나님이 일하시면, 그분이 찾아가겠다고 하시면, 막을 사람이 없다. 하나님이 우리를 위해 자기 아들을 십자가에 못 박으셨다. 그런 대접을 받은 존재가 우리다. 그러니 무엇이 부족하겠는가'라고 바울은 말합니다. 하나님의 일하심에 맡기라는 것입니다. 바울이 이런 이야기를 강조하는 이유가 무엇일까요? 예수를 믿고 사는 일에 대하여 신자들이 끊임없이 오해하기 때문입니다.

우리가 이 직분이 비방을 받지 않게 하려고 무엇에든지 아무에게도 거리끼지 않게 하고 오직 모든 일에 하나님의 일꾼으로 자천하여 많이 견디는 것과 환난과 궁핍과 고난과 매 맞음과 갇힘과 난동과 수고로움과 자지 못함과 먹지 못함 가운데서도 깨끗함과 지식과 오래 참음과 자비함과 성령의 감화와 거짓이 없는 사랑과 진리의 말씀과 하나님의 능력으로 의의 무기를 좌우에 가지고 영광과 욕됨으로 그러했으며 악한 이름과 아름다운 이름으로 그러했느니라 우리는 속이는 자 같으나 참되고 무명한 자 같으나 유명한 자요 죽은 자 같으나 보라 우리가 살아 있고 징계를 받는 자 같으나 죽임을 당하지 아니하고 근심하는 자 같으나 항상 기뻐하고 가난한 자 같으나 많은 사람을 부요하게 하고 아무 것도 없는 자 같으나 모든 것을 가진 자로다 (고후 6:3-10)

이 말씀을 보면, 사도 바울과 그의 동료들은 깨끗함과 지식과 오래 참음과 자비함과 성령의 감화와 거짓이 없는 사랑과 진리의 말씀과 하나님의 능력으로 이 일을 해 왔다고 합니다. 그렇다고 영광 속에서만 사역했던 것은 아닙니다. 이어서 말씀을 보면 좌우에 의의 무기를 들고, 영광을 받거나, 수치를 당하거나, 비난을 받거나, 칭찬을 받거나 그렇게 해 온 것입니다. 그런데 이 말씀을 읽는 우리는 '깨끗함과 지식과 오래 참음과 자비함과 성령의 감화와 거짓이 없는 사랑과 진리의 말씀과 하나님의 능력으로 의의 무기를 좌우에 가지'(고후 6:6-7)는 영광까지만 원할 뿐입니다. 신자 대부분은 여기에서 만족하고 그 이상은 넘어서지 않으려고 합니다. 하지만 이 말씀에서 '우리'는 사도 바울과 그의 동료들만을 가리키지 않습니다. 예수를 믿어 하나님의 자녀가 된 모든 자를 일컫습니다.

그렇다면 우리는 여기에 열거된 영광만을 취할 것이 아니라 이러한 영광을 사울과 그의 동료들이 어떤 정황 속에서 이루어 낸 것인지를 살펴보아야 합니다. 이 구절 바로 앞에는 '오직 모든 일에 하나님의 일꾼으로 자천하여 많이 견디는 것과 환난과 궁핍과 고난과 매 맞음과 갇힘과 난동과 수고로움과 자지 못함과 먹지 못함 가운데서도'(고후 6:4-5)라는 정황이 소개됩니다. 이 고단한 정황 속에서 우리는 '속이는 자 같으나 참되고 무명한 자 같으나 유명한 자요 죽은 자 같으나 살아 있고 징계를 받는 자 같으나 죽임을 당하지 아니하고 근심하는 자 같으나 항상 기뻐하고 가난한 자 같으나 많은 사람을 부요하게 하고 아무 것도 없는 자 같으나 모든 것을 가진 자'로 서야 합니다. 여기에 신자의 정체성이 있습니다.

우리가 원하는 자리에 처해 있을 때만 하나님의 인도하심을 확인할 수 있는 것은 아닙니다. 우리가 원하지 않는 자리에 있을 때도 하나님이 함께하십니다. 그러니 그 자리를 거부하는 것은 하나님의 손에 붙들린 지휘봉이 되기를 거부하는 것과 같습니다.

복음을 통해 하나님이 무엇을 하시며, 어떻게 일하시는지가 분명하게 드러났습니다. 사도 바울이 고린도전서 2장에서 한 이야기는 예수의 생애를 통해 이미 역사에서 증명되었습니다. 예수님은 사람들을 설득하지 않으셨습니다. 기적으로 압도하지도 않으셨습니다. 예수님은 우리를 감동시키려고 십자가에 죽으신 것이 아닙니다. 그것은 하나님의 방법이었습니다.

이제 하나님은 우리에게도 동일하게 요구하십니다. '너희가 어느 길로 가든지 그 길은 내가 원하여 정한 것이다. 나는 늘 너와 함께한다. 그러니 걱정하지 마라.'

'그리하여'에 담긴 신비

우리는 이런 하나님의 일하심이 이해되지 않을 때가 많습니다. 사도행전 9장에도 우리 기대와는 전혀 다른 대목이 등장합니다.

> 여러 날이 지나매 유대인들이 사울 죽이기를 공모하더니 그 계교가 사울에게 알려지니라 그들이 그를 죽이려고 밤낮으로 성문까지 지키거늘 그의 제자들이 밤에 사울을 광주리에 담아 성벽에서 달아 내리니라 (행 9:23-25)

예수 믿는 자들을 멸하기 위해 가려던 다메섹에서 사울은 오히려 예수를 전하게 되고 이 일로 그는 유대인들에게 살해의 위협을 받습니다. 결국 밤에 성 밖을 빠져나와 예루살렘으로 도망하기에 이릅니다. 예루살렘에 온 사울은 제자들을 사귀려고 하지만, 모두 그를 두려워할 뿐입니다. 사울이 제자가 되었다는 사실을 아무도 믿지 않습니다. 그래서 바나바가 사울을 사도들에게 데려갑니다. 덕분에 조금씩 확인이 됩니다.

> 사울이 제자들과 함께 있어 예루살렘에 출입하며 또 주 예수의 이름으로 담대히 말하고 헬라파 유대인들과 함께 말하며 변론하니 그 사람들이 죽이려고 힘쓰거늘 형제들이 알고 가이사랴로 데리고 내려가서 다소로 보내니라 (행 9:28-30)

사울은 예루살렘에서도 담대히 예수를 전합니다. 그러나 아무도 믿어 주지 않습니다. 여기서도 사람들이 사울을 죽이려 하자, 그는 다시 고향 다소로 피합니다. 사울은 열심을 내나 결과는 계속 이런 식입니다. 우리의 상식으로 보면, 이 일은 어떻게 마무리될 것 같습니까? '그리하여 흐지부지되었더라.' 이렇게 이어져야 자연스러울 것입니다. 그러나 31절은 이렇게 이어집니다.

> 그리하여 온 유대와 갈릴리와 사마리아 교회가 평안하여 든든히 서 가고 주를 경외함과 성령의 위로로 진행하여 수가 더 많아지니라 (행 9:31)

첫머리에 '그리하여'라는 접속사가 나오는데, 좀 의아합니다. '그리하여'가 나오려면 앞 내용이 뒤 내용의 원인이거나 앞 내용이 발전하여 뒤의 결과로 자연스레 이어지는 논리가 펼쳐져야 합니다. 앞에서는 흐지부지될 것처럼 이야기하다가 '그리하여 잘됐더라'라고 이야기하는 법은 없습니다. 그러나 성경은 '그리하여'라는 단어를 사용해 앞에 어떤 일이 일어나든지 하나님은 그것으로 당신의 뜻을 이루신다고 말합니다. 하나님의 일하심에는 이런 반전이 있습니다. 우리는 이 부분을 읽으면서 성경이 인도하는 더 깊은 이해로 나아가야 합니다. 하나님이 인도하시는 인생에는 '그리하여'가 있습니다.

우리는 인생에서 '이게 뭔가?' 싶을 때가 많습니다. 어떤 때는 자기가 잘 믿고 있다며 스스로 대견해하지만, 또 어떤 때는 자신의 모습이 너무나 부끄러워 깊이 절망하기도 합니다. 믿는 것인지 안 믿는 것인지 분명하지 않아서 이럴 바에는 차라리 그만두는 게 낫지 않나 하는 생각도 듭니다. 그런데 초대교회는 어떻게 되어 갔다고 합니까? '그리하여 온 교회가 평안하여 든든히 서 가고.' 아멘입니다. 얼마나 다행입니까? 우리한테 모든 것을 떠넘기지 않으십니다. 하나님이 친히 일하십니다. 그 손에 붙잡힌 바 되어 이렇게 도망가지 못하고 살아가는데, 그런 우리를 통해서 하나님이 일하신답니다. 그러니 걱정하지 마십시오. 우리에게는 하나님이 이루시는 '그리하여'가 있습니다.

질문하기

1.

복음은 무엇입니까?

2.

바울이 고린도 교회에 복음을 전할 때에 무엇 때문에 두려워하고 떨었습니까?

3.

사울의 말을 아무도 믿어 주지 않고 오히려 그를 죽이려고 들어 그는 다소로 피신합니다. '그리하여' 어떤 일이 일어났습니까?

나누기

원하지 않는 자리에 있었는데, 그것이 오히려 하나님과 함께하는 자리요, 하나님의 길이었음을 실감한 적이 있다면 나누어 봅시다.

사랑받는 자녀로
삼으신다

34 베드로가 입을 열어 말하되 내가 참으로 하나님은 사람의 외모를 보지 아니하시고 **35** 각 나라 중 하나님을 경외하며 의를 행하는 사람은 다 받으시는 줄 깨달았도다 … **39** 우리는 유대인의 땅과 예루살렘에서 그가 행하신 모든 일에 증인이라 그를 그들이 나무에 달아 죽였으나 **40** 하나님이 사흘 만에 다시 살리사 나타내시되 … **44** 베드로가 이 말을 할 때에 성령이 말씀 듣는 모든 사람에게 내려오시니 **45** 베드로와 함께 온 할례 받은 신자들이 이방인들에게도 성령 부어 주심으로 말미암아 놀라니 **46** 이는 방언을 말하며 하나님 높임을 들음이러라 **47** 이에 베드로가 이르되 이 사람들이 우리와 같이 성령을 받았으니 누가 능히 물로 세례 베풂을 금하리요 하고 **48** 명하여 예수 그리스도의 이름으로 세례를 베풀라 하니라 그들이 베드로에게 며칠 더 머물기를 청하니라 (행 10:34-48)

세상보다 큰 하나님의 구원

사도행전 10장은 고넬료에게 복음을 전한 사건을 자세히 소개합니다. 이어지는 11장에서는 복음이 유대인이 아닌 이방인 고넬료에게 전파된 이 사건으로 인해 예루살렘 교회에 큰 논란이 있었다고 합니다. 당시 유대인 신자들의 관점에서 보면, 이방인에게 복음이 전파되어 그들에게 성령이 임하는 일은 상상을 넘어서는 것이었습니다.

유대인들은 자기네만이 하나님에게 특별한 대접을 받는 선민이라고 생각했습니다. 구원자인 예수도 유대인으로 오셨기에, 대부분 제자들도 예수가 당연히 자기네들을 위해 오셨으리라 생각했습니다. 그런데 복음은 유대인들이 아니라 하나님을 알지도 못하고 복음을 받는 일에 아무런 준비도 하지 않았던, 어떤 약속도 훈련도 받지 못했던 이방인에게 전파됩니다.

복음이 이방에 전파된 일은, 구원이 구원받는 사람의 자격이나 결단, 소원, 또는 노력에 따른 결과가 아님을 보여 줍니다. 성경이 계속 강조하는 주제입니다. 자격 없고 조건 없는 이방에 복음이 전해집니다. 이는 구원의 원인과 동력이 하나님에게 있다는 뜻입니다.

우리는 기독교를 분명하고 단순한 논리로 이해하고 싶어 합니다. 그래서 기독교 신앙을 회심, 결단, 헌신, 영생 같은 몇 가지 키워드로 설명합니다. 신앙생활을 처음 시작할 때 이런 과정을 겪습니다. 이것은 마치 기독교 신앙을, 여러 개의 점을 찍은 다음 이 점들을 쭉 이은 하나의 선(線)으로만 이해하는 것과 같습니다.

기독교 신앙을 하나의 선으로만 생각하면 그 선이 들어가 있는 더 큰 영역을 전제하여 그 영역을 세상이라고 이해하는 오류에 빠지게 됩니다. 그런 식으로 생각하면 복음은 세상에서 어려움을 당할 때 하나님이 오셔서 그 상황을 종료해 주시는 해결책 정도로 여기게 됩니다. 이런 이해는 하나님보다 세상이 더 크다는 전제에서 나옵니다. 이 큰 틀 전체가 하나님의 영역이라고 생각하지 못합니다. 그러나 성경은 하나님이 세상과 비교할 수 없이 크시다고 증언합니다. 우리가 잘 아는 요한복음 3장 16절을 살펴보겠습니다.

하나님이 세상을 이처럼 사랑하사 독생자를 주셨으니 이는 그를 믿는 자마다 멸망하지 않고 영생을 얻게 하려 하심이라 (요 3:16)

이 구절에 '하나님', '세상', '독생자', '영생'이라는 단어가 나옵니다. '세상'은 우리가 아는 전부입니다. 그러나 '구원'은 이 세상보다 더 큰 것입니다. 거기에 '멸망'과 '영생'이라는 운명이 더해집니다. 성경이 하나님의 일하심을 얼마나 크고 웅장하게 그려 내는지 보십시오.

우리는 회심이나 결단 같은 경험으로만 신앙을 설명하려 합니다. 그러나 먼저 알아야 할 것은 회심이나 결단이 얼마나 큰일에 대한 경험인지, 그리고 그 큰일이 누구의 손에 붙들려 있는지입니다.

하나님이 사랑하시는 자

신앙에 대해 더 성숙한 이해로 나아가려면 '하나님은 누구신가'라고 물어야 합니다. 대개 하나님을 창조주, 섭리자, 구원자, 심판자라고 설명하지만, 시간과 공간에 묶여 있는 우리에게 이런 설명은 막막합니다. 또 하나님의 성품을 의로우심, 전능하심, 신실하심으로 묘사하지만, 죄성(罪性)을 가진 인간은 이 역시 충분히 이해하지 못합니다. 본문 말씀을 보면 베드로가 그 모든 것을 묶어서 하나님을 설명합니다.

> 만유의 주 되신 예수 그리스도로 말미암아 화평의 복음을 전하사 이스라엘 자손들에게 보내신 말씀 곧 요한이 그 세례를 반포한 후에 갈릴리에서 시작하여 온 유대에 두루 전파된 그것을 너희도 알거니와 (행 10:36-37)

베드로는 복음을 예수 그리스도로 설명합니다. 요한복음 3장 16절에 나오는 하나님, 세상, 독생자, 영생과 같은 크고 웅장한 단어들을 예수로 설명합니다. '예수는 하나님이 보내신 복음이다.' 하나님이 누구신지 예수를 통해 보여 준다는 말입니다.

> 우리는 유대인의 땅과 예루살렘에서 그가 행하신 모든 일에 증인이라 그를 그들이 나무에 달아 죽였으나 하나님이 사흘 만에 다시 살리사 나타내시되 모든 백성에게 하신 것이 아니요 오직 미리 택하신 증인 곧 죽은 자 가운데서 부활하신 후 그를 모시고 음식을 먹은 우리에게 하신 것이라 우리에게 명하사 백성에게 전도하되 하나님이 살아 있는 자와 죽은 자의 재판장으로 정하신 자가 곧 이 사람인 것을 증언하게 하셨고 그에 대하여 모든 선지자도 증언하되 그를 믿는 사람들이 다 그의 이름을 힘입어 죄 사함을 받는다 하였느니라 (행 10:39-43)

예수의 죽음과 부활이 복음의 핵심이라고 이야기합니다. 복음은 이방에까지 들어가 전해짐으로써 그 폭과 규모가 얼마나 굉장한지 보여 줍니다.

요한복음 3장 16절에서 보듯 하나님은 인간을 사랑하십니다. 인간이 어떤 존재이냐에 대해 성경은 '하나님이 사랑하시는 자'라고 말씀합니다. '하나님이 사랑한다'는 말이 무슨 뜻일까요?

예수님은 사랑에 대해 이렇게 말씀하십니다. '친구를 위하여 자기 목숨을 버리면 이보다 더 큰 사랑이 없나니'(요 15:13). 예수님은 우리를 친구로 대접하시고 우리를 위하여 죽으러 오신 분입니다. 성자 하나님이 우리와 같은 인성을 취하여 성육신하신 이름이 예수입니다. 그분은 우리를 위해 죽으시려고 사람이 되셨습니다. 여기서 하나님의 큰 사랑이 드러납니다. 예수님은 자신의 정체성을, 우리를 위하여 죽는 그 사랑에서 찾으십니다. 우리가 없으면 예수라는 이름도 가치 없게 되는 것입니다.

하나님이 예수를 보내어 우리를 구원하셨다는 말에 들어 있는 바로 이 이야기, 곧 하나님이 우리를 사랑하여 우리에게 당신을 내어 줄 수 있었다는 사실에서 우리는 우리의 정체성 또한 새롭게 발견합니다. 우리가 가치 있는 존재임을 비로소 압니다. '누가 뭐라 해도 너는 내가 사랑하는 아들이다. 내가 사랑하는 자식이다.' 이것이 복음입니다. 빌립보서 2장에는 예수의 죽음을 순종으로 설명한 말씀이 나옵니다.

너희 안에 이 마음을 품으라 곧 그리스도 예수의 마음이니 그는 근본 하나님의 본체시나 하나님과 동등됨을 취할 것으로 여기지 아니하시고 오히려 자기를 비워 종의 형체를 가지사 사람들과 같이 되셨고 사람의 모양으로 나타나사 자기를 낮추시고 죽기까지 복종하셨으니 곧 십자가에 죽으심이라 이러므로 하나님이 그를 지극히 높여 모든 이름 위에 뛰어난 이름을 주사 하늘에 있는 자들과 땅에 있는 자들과 땅 아래에 있는 자들로 모든 무릎을 예수의 이름에 꿇게 하시고 모든 입으로 예수 그리스도를 주라 시인하여 하나님 아버지께 영광을 돌리게 하셨느니라 (빌 2:5-11)

예수는 성부 하나님의 기쁘신 뜻에 자신을 맡기며 십자가에서 죽으셨습니다. 우리를 사랑하시기에 기꺼이 당신을 내어 주셨습니다. 하나님은 당신의 기쁘신 뜻에 순종한 예수를 가장 높이셨고 모든 이름 위에 뛰어난 이름을 주셨습니다. 친구를 위하여 죽는 것을 최고의 사랑, 최고의 가치로 여기셨기 때문입니다. 그래서 '모든 입으로 예수 그리스도를 주라 시인하여 하나님 아버지께 영광을 돌리게 하셨'습니다.

그러니 하나님의 하나님 되시는 자랑, 하나님에게 있어 가장 영광된 명예가 무엇이겠습니까? 우리를 위하여 당신의 아들을 주시고 그를 죽음에까지 내어 주는 것, 하나님은 그것을 당신의 영광이라고 하십니다. 전능하시고 영원하시고 거룩하신 하나님이 그 모든 능력과 권세를, 자기 백성을 사랑하사 자신의 모든 것을 내어 주는 데서 나타내기로 하셨습니다.

'하나님이 세상을 이처럼 사랑하사'라는 이 한 구절 속에 이토록 깊은 뜻이 들어 있습니다. 복음은 여기에서 시작합니다. 베드로를 회복하시고, 바울을 돌이키시며, 이방에 찾아오신 하나님이 가난한 자, 생각 없이 사는 자, 하나님에 대해 관심이 없는 자에게도 복으로 찾아오신 이유입니다. 이것이 기독교입니다.

하나님이 사랑하시는 대상

인간은 소모품이 아닙니다. 하나님이 하신 일의 부족한 부분을 메워야 할 도우미도 아닙니다. 우리는 구원의 대상이요, 사랑의 대상이요, 하나님과 믿음의 교제를 나누는 존귀한 인격체입니다. 하나님은 측량할 수 없는 은혜와 사랑으로 당신이 지으신 세상과 당신을 배반한 인류를 내버려 두지 않으시고 찾아 들어오십니다. 그리하여 한 영혼, 한 영혼을 만나 주시는데, 그들을 힘으로 굴복시키지 않으시고 당신의 자비와 긍휼과 은혜로 만나 주십니다. 그렇게 당신의 사랑과 믿음의 초대 안에서 우리로 항복하게 하십니다. 죄로 부패하고 파괴된 우리를 회복하셔서, 하나님의 사랑을 입은 자의 영광을 누리게 하십니다. 이것이 기독교 신앙이요, 우리의 소망입니다.

그러니 우리가 사는 시간과 공간 속에서 만나게 될 위협과 시험을 겁내지 말아야 합니다. 하나님은 특공대처럼 들어오셔서 문제 하나 해결해 주고 가 버리시는 분이 아닙니다. 하나님은 우리가 곤란에 빠져 기도할 때만 찾아오시는 구조대가 아닙니다. 하나님은 모든 것을 만들고 주관하는 주인이시며, 우리를 위하여 아들을 주신 분입니다. 그 능력과 성실하심을 어떤 것으로도 막을 수 없습니다. 그러니 넉넉한 마음을 가지십시오. 성경이 말하는 인간의 정체성을 이해하고 사랑받는 자의 영광을 누리십시오. 하나님 앞에 신뢰를 나누는 친구로 부름받은 명예를 지키는 신앙의 유익을 누리십시오.

질문하기

1.

기독교 신앙을 하나의 선(線)으로만 생각하면 어떤 오류에 빠지게 됩니까?

2.

베드로는 복음을 설명할 때, 하나님, 세상, 구원, 영생을 무엇으로 설명합니까?

3.

하나님은 우리를 어떤 존재로 여기십니까?

나누기

자신이 하나님의 사랑의 대상이라는 사실을 경험한 때는 언제입니까?

하나님은
넉넉하시다

1 유대에 있는 사도들과 형제들이 이방인들도 하나님의 말씀을 받았다 함을 들었더니 **2** 베드로가 예루살렘에 올라갔을 때에 할례자들이 비난하여 **3** 이르되 네가 무할례자의 집에 들어가 함께 먹었다 하니 **4** 베드로가 그들에게 이 일을 차례로 설명하여 … **12** 성령이 내게 명하사 아무 의심 말고 함께 가라 하시매 이 여섯 형제도 나와 함께 가서 그 사람의 집에 들어가니 **13** 그가 우리에게 말하기를 천사가 내 집에 서서 말하되 네가 사람을 욥바에 보내어 베드로라 하는 시몬을 청하라 **14** 그가 너와 네 온 집이 구원받을 말씀을 네게 이르리라 함을 보았다 하거늘 **15** 내가 말을 시작할 때에 성령이 그들에게 임하시기를 처음 우리에게 하신 것과 같이 하는지라 **16** 내가 주의 말씀에 요한은 물로 세례를 베풀었으나 너희는 성령으로 세례를 받으리라 하신 것이 생각났노라 **17** 그런즉 하나님이 우리가 주 예수 그리스도를 믿을 때에 주신 것과 같은 선물을 그들에게도 주셨으니 내가 누구이기에 하나님을 능히 막겠느냐 하더라 **18** 그들이 이 말을 듣고 잠잠하여 하나님께 영광을 돌려 이르되 그러면 하나님께서 이방인에게도 생명 얻는 회개를 주셨도다 하니라 (행 11:1-18)

하나님이 그들을 받으셨으므로

고넬료가 세례를 받은 사건은 하나님의 백성이 되는 자격이 유대인으로 제한되지 않고 모든 인류에게 허락되었다는 사실을 보여 줍니다. 신약성경의 서신서들을 살펴보면, 이방에 세워진 교회들에게 일어난 가장 격렬한 논쟁은 유대주의와 복음 사이의 갈등에서 비롯함을 알 수 있습니다. 유대주의자들은 이방인들도 할례를 받고 율법을 따라야만 하나님의 백성이 될 수 있다고 주장했습니다. 그로 인해 신자의 자격을 얻기 위한 조건이 무엇인지에 관한 문제가 초대교회에서 열띤 논쟁거리가 됩니다.

사도행전 10장과 11장을 따라가 보면, 이 논쟁에 대한 답이 이미 제시되었음을 알게 됩니다. 복음이 이방인들에게 처음 전해질 때, 하나님이 그들을 받으셨다는 증거로 성령이 먼저 임하십니다. 그 일을 보고 베드로가 그들에게 세례를 베풉니다.

그런즉 하나님이 우리가 주 예수 그리스도를 믿을 때에 주신 것과 같은 선물을 그들에게도 주셨으니 내가 누구이기에 하나님을 능히 막겠느냐 하더라 (행 11:17)

하나님이, 예루살렘에 있던 제자들이 그리스도를 믿을 때 주신 것과 같은 선물 곧 성령을 이방인들에게도 주셨기에 자신도 그들에게 세례를 주었다고 베드로가 보고합니다. 그런데 이방인에게 세례를 준 일이 왜 그토록 문제가 되었을까요?

베드로가 예루살렘에 올라갔을 때에 할례자들이 비난하여 이르되 네가 무할례자의 집에 들어가 함께 먹었다 하니 (행 11:2-3)

율법을 충실하게 따르는 유대인들은 원래 이방인들과 함께 식사하지 않았습니다. 함께 식사하는 것은 그들을 한 식구로 여긴다는 뜻이기에, 유대인들은 이방인들을 제외하고 동족과만 식사했습니다. 부름받은 거룩한 민족으로서의 고귀함을 더럽힐 수 없다는 의미입니다.

그런데 베드로가 이방인과 식사 교제를 나누었습니다. 예루살렘에 있던 이들은 어떻게 더러운 이방인들과 식사할 수 있느냐고 베드로를 힐난합니다. 베드로는 자신의 의지로 한 것이 아니라고 해명합니다.

"내가 시작한 일이 아니다. 어느 날 하나님이 내게 환상을 보여주셨고 이어 성령께서 나타나 고넬료가 보낸 사람을 따라가라고 해서 갔다. 고넬료를 만났더니 자기도 환상을 보았는데, 천사가 나타나 욥바에 있는 베드로를 불러오라고 해서 사람을 보내 나를 불렀다고 하더라. 이 말을 듣고 내가 고넬료와 그의 가족들에게 복음을 전하니 성령이 임하셨다. 그래서 세례를 주었다."

이 사건의 핵심은 성령세례가 먼저냐 물세례가 먼저냐 하는 논쟁이 아닙니다. 하나님이 이방인들을 받으셨으니 우리도 그들을 하나님의 백성으로 인정하고 받아들임이 당연하다는 것입니다. 세례는 예수를 믿고 하나님의 백성이 되어 이제 한 식구가 되었음을 공식적으로 인정하는 예식입니다.

예수로 말미암아

구약시대에는 이스라엘 백성만이 하나님의 백성이었습니다. 그들은 할례를 받고 율법을 지키는 외적 행동으로 자기들의 정체성을 확인할 수 있었습니다. 그런데 예수로 말미암아 유대인과 이방인 간의 장벽이 무너집니다. 고넬료에게 성령이 임하셔서 예수로 말미암아 구원이 완성되었으며, 더는 다른 조건이 필요 없다는 사실이 확증됩니다. 주께서 이 사실을 베드로에게 가르쳐 주셨습니다. 그래서 베드로는 이방인들에게 세례를 주어 그들도 하나님의 백성이 되었다고 공식적으로 인정합니다. 선민이라는 자격을 갖추지 못한 이방인에게도 성령이 임하였다는 사실이 본문의 핵심입니다.

우리도 이방인의 구원을 받아들이지 못했던 초대교회의 유대인들처럼 생각할 때가 많습니다. '예수를 믿으면 구원받는다'라는 이 충분한 선포에 다른 조건을 덧붙이고 싶어 합니다. 세상의 인정을 받을 만한 유용한 것들 말입니다. 우리는 고넬료 사건을 염두에 두면서 오직 예수 그리스도에게 초점을 집중하는 베드로의 말에 주목할 필요가 있습니다.

> 하나님이 나사렛 예수에게 성령과 능력을 기름 붓듯 하셨으매 그가 두루 다니시며 선한 일을 행하시고 마귀에게 눌린 모든 사람을 고치셨으니 이는 하나님이 함께 하셨음이라 우리는 유대인의 땅과 예루살렘에서 그가 행하신 모든 일에 증인이라 그를 그들이 나무에 달아 죽였으나 하나님이 사흘 만에 다시 살리사 나타내시되 모든 백성에게 하신 것이 아니요 오직 미리 택하신 증인 곧 죽은 자 가운데서 부활하신 후 그를 모시고 음식을 먹은 우리에게 하신 것이라 우리에게 명하사 백성에게 전도하되 하나님이 살아 있는 자와 죽은 자의 재판장으로 정하신 자가 곧 이 사람인 것을 증언하게 하셨고 (행 10:38-42)

예수가 구원과 심판을 행하는 주관자이십니다. 예수가 기준입니다. 인간이 가진 어떤 자격이나 조건도 그 앞에서는 무용지물입니다. "그에 대하여 모든 선지자도 증언하되 그를 믿는 사람들이 다 그의 이름을 힘입어 죄 사함을 받는다 하였느니라"(행 10:43). 이것이 기독교 복음의 핵심이자 근거입니다.

교회는 사회로부터 많은 공격을 받아 왔습니다. 이런 공격은 당연합니다. 세상은 예수를 거부하여 죽인 자들이고, 우리는 예수 없이는 안 된다고 고백하는 자들이기 때문입니다. 우리와 저들 사이에는 타협 가능한 내용이 없습니다. 그러니 세상의 인정을 받아 교회를 증명하려 해서는 안 됩니다.

물론 교회에 맡겨진 시대적 사명을 다하는 일은 중요합니다. 그러나 그것이 교회를 존립하게 하는 본질은 아닙니다. 교회의 정체성은 '우리는 예수를 믿는 자'라고 하는 고백에 있습니다. 예수를 믿는다는 것은 '나는 구원이 필요한 자'임을 인정하는 것입니다. 여기에 다른 조건을 붙일 수 없습니다. 그래서 교회는 누구에게나 열린 곳입니다. '나는 예수를 믿는다. 이 예수는 죄인을 위해 죽으셨다. 이 대속으로 말미암아 나는 하나님의 백성이 되었다. 예수를 믿으면 누구나 교회의 일원이 될 수 있다'라는 고백에 담긴 '열려 있음', 이것이 교회의 정체성입니다.

교회는 자신의 책임을 어떻게 감당합니까? 공동체로 모여 감당합니다. 도저히 어울릴 수 없을 것 같은 사람들이 함께 앉아 있는 곳이 교회입니다. 세상은 이해할 수 없습니다. 이처럼 예수를 믿는다는 이유 하나로 모든 차별을 넘어서 있음을 보이기 위해 교회가 세워졌습니다. 전도와 구제 정도의 일을 위해 세워진 것이 아닙니다.

'하나님이 고넬료를 받으셨다. 이방도 구원을 받는구나!' 이것 때문에 예루살렘 교회가 놀랐습니다. 마찬가지로 우리가 교회에 함께 모이면 '저 사람도 와 있구나! 하나님이 저 사람도 받으셨구나!' 하고 고백하게 됩니다. 이것이 하나님이 하시는 일이라는 증거가 요한계시록 3장에 나옵니다.

> 빌라델비아 교회의 사자에게 편지하라 거룩하고 진실하사 다윗의 열쇠를 가지신 이 곧 열면 닫을 사람이 없고 닫으면 열 사람이 없는 그가 이르시되 볼지어다 내가 네 앞에 열린 문을 두었으되 능히 닫을 사람이 없으리라 내가 네 행위를 아노니 네가 작은 능력을 가지고서도 내 말을 지키며 내 이름을 배반하지 아니하였도다 (계 3:7-8)

빌라델비아 교회는 인내하였습니다. 작은 능력을 갖고서도 말씀을 지키며 존재했습니다. 무슨 신통한 일을 한 것이 아니라 예수를 믿는다는 이름으로 모여 있었습니다. 열린 문으로 존재했던 것입니다.

교회는 늘 열려 있어서 의심하는 자도 오고, 반대하는 자도 오고, 호기심이 가득한 자도 옵니다. 이처럼 누구라도 올 수 있어야 합니다. 그런데도 우리는 어떤 자격이나 조건을 정해서 그 문을 닫고 싶어 합니다. 각 교회가 저마다 특징을 갖는 것은 당연합니다. 모여 있는 다수의 공통된 성향에 따라 하나의 색깔을 띨 수도 있습니다. 그러나 그것이 강제력이나 권력으로 작용해서는 안 됩니다. 교회는 어느 한 사람의 다른 의견에도 열려 있는 곳입니다. 열린 문입니다. 주께서 열면 닫을 자가 없고 주께서 닫으면 열 자가 없는 곳이 교회입니다.

이 사실을 알고 교회로 모여야 합니다. 함께 모인 것이 어떤 의미이며, 교회로 모여 감당해야 하는 책임이 무엇인지 모르면, 자꾸 교회를 향하여 자기가 하고 싶은 것을 하자고 요구하게 됩니다. 각자의 취향과 기호가 교회가 가진 원래의 사명, 원래의 정체성을 삼켜 버리면 안 됩니다. 교회에 와서 자기 마음에 들지 않는 사람을 참아 주며 함께 앉아 있는 일보다 더 큰 책임은 없습니다. 여기에 교회의 사명이 있습니다.

질문하기

1.

베드로가 고넬료에게 세례를 준 사건의 핵심은 무엇입니까?

2.

교회의 정체성은 무엇입니까?

3.

교회의 사명은 무엇을 하는 데에 있습니까?

나누기

우리 교회는 어떤 면에서 열려 있고, 또 어떤 면에서 닫혀 있다
고 생각합니까?

04

어떤 조건과 환경도
감수한다

1 그 때에 헤롯 왕이 손을 들어 교회 중에서 몇 사람을 해하려 하여 **2** 요한의 형제 야고보를 칼로 죽이니 **3** 유대인들이 이 일을 기뻐하는 것을 보고 베드로도 잡으려 할새 때는 무교절 기간이라 **4** 잡으매 옥에 가두어 군인 넷씩인 네 패에게 맡겨 지키고 유월절 후에 백성 앞에 끌어 내고자 하더라 **5** 이에 베드로는 옥에 갇혔고 교회는 그를 위하여 간절히 하나님께 기도하더라 (행 12:1-5)

무대장치

헤롯 왕은 교회를 핍박하여 사도 중 하나인 야고보를 죽입니다. 이 일을 유대인들이 기뻐하자 베드로까지 잡아 가두었는데, 천사가 베드로를 구해 냅니다. 후에 헤롯은 가이사랴에 가서 백성들 앞에서 연설하여 큰 호응을 얻습니다. 그런데 그는 영광을 하나님에게 돌리지 않아 벌레에 먹혀 죽습니다. 이런 우여곡절이 담긴 사도행전 12장은 이렇게 끝납니다. "하나님의 말씀은 흥왕하여 더하더라"(행 12:24).

당시 유대 사회의 유력 인사들은 기독교를 반대합니다. 로마제국에 충성하는 분봉 왕 헤롯도 교회를 박해합니다. 이에 사도야고보가 순교하고, 베드로도 옥에 갇힙니다. 하나님이 천사를 보내어 기적적으로 베드로를 건져 주시지만, 교회를 박해하는 세력을 꺾어서 문제를 해결해 주지는 않으십니다. 로마를 뒤집

어엎지도 않으십니다. 교회를 핍박하는 유대인들에게 경고하거나 보복하지도 않으십니다. 그런데도 하나님의 말씀은 흥왕하여 더 널리 퍼졌다고 합니다.

성경에는 초대교회가 임무를 효과적으로 수행하기 위해 정치 세력을 필요로 했다는 식의 언급이 없습니다. 교회에 대해 적대 세력들이 많았음에도 하나님은 그들을 제거해 주지 않으십니다.

우리는 복음이 진리이고 역사와 인류의 운명에 관한 것이니 이 복음이 모두에게 증거되도록 교회가 힘을 가져야 한다고 생각할 때가 많습니다. 그러나 기독교 신앙은 그런 식으로 증거되지 않는다고 말씀합니다. 당시 가장 큰 세력이었던 로마제국조차도 그저 복음 전파를 위해 하나님이 사용하시는 하나의 무대 장치로 여겨질 뿐입니다.

하나님은 국가가 권력을 쥐듯이 교회가 힘을 가져 상대를 강제하는 방식으로 복음을 전하라고 하지 않으십니다. 권력을 통한 발언권을 주지 않으시고 세상과 동등한 조건과 환경에서 발언권을 주십니다. 하나님은 우리를 둘러싼 환경이 어려워지면 어려워서 기독교가 증언되고, 부해지면 부해져서 기독교가 증언되는 삶을 요구하십니다.

하나님의 일하심에 대한 오해

한국 교회는 기독교 백 년 역사에서 두 가지 큰 경험을 했습니다. 하나는 순교였고, 하나는 부흥이었습니다. 순교 시대에는 교회를 향한 핍박에 목숨을 걸고 저항하여 신앙을 증언했습니다. 부흥 시대에 와서는 우리의 부요를 자기를 위해 쓰지 않고 주를 위하여 내놓는 것으로 신앙의 증언을 남겼습니다.

이제는 어떤 시대일까요? 복잡한 시대가 되었습니다. 유혹과 시험이 그 어느 때보다 많아졌습니다. 게다가 무엇이 시험이며 기회인지 쉽게 분별할 수도 없습니다. 더 깊이 생각하지 않을 수 없는 현실을 만난 것입니다.

그러니 더 많이 기도해야 합니다. 눈 딱 감고 목숨 한번 걸면 되는 것이 아닙니다. 제사 안 지내는 것으로 끝나지 않고, 단순히 헌금을 더 하면 되는 것이 아니라, 삶이 복잡해졌습니다. 어느 길 하나를 선택하면 더는 생각하지 않아도 되는 시대는 이제 지나갔습니다.

종종 우리는 사는 일이 귀찮고 괴로울 때마다 나라와 하나님을 탓합니다. 앞으로 살아가야 할 인생이 그동안 지나왔던 시대와 너무 다르고 복잡해서 정신을 못 차립니다. 무엇이 옳은지 판단도 쉽지 않아 늘 헷갈리며, 삶의 고단함과 각박함 때문에 누군가를 향해 분노합니다. 그 대상이 정치일 때도 있고 교회일 때도 있습니다.

이런 태도는 하나님을 우습게 보고 있다는 증거입니다. 세상 사람들이야 그럴 수 있다고 해도, 예수를 믿는 사람들마저 쉽게 분노하는 데로 넘어가면 안 됩니다. 사도행전에는 신자가 살아내야 할 자리를 하나님이 권능으로 면제해 주시기를 기대하는 발상 자체가 없습니다.

지금 누리는 신앙

우리는 기독교가 현실 속에서 자기 임무를 잘 수행하기 위해서는 좋은 환경이 필요하다고 생각합니다. 이 대목이야말로 우리가 가장 오해하는 지점입니다. 우리는 하나님의 일하심이 이해되지 않습니다. 천지의 창조주요, 궁극적 심판자이신 하나님은 세상 권세를 전복하지 않고 내버려 둔 채 그 속에서 일하십니다. 우리는 이것을 이해하지 못합니다. 천사를 보내어 베드로를 풀어 주실 하나님이라면, 차라리 로마제국을 뒤엎는 편이 더 좋지 않았을까 하며 의아해합니다.

> 베드로가 대문을 두드린대 로데라 하는 여자 아이가 영접하러 나왔다가 베드로의 음성인 줄 알고 기뻐하여 문을 미처 열지 못하고 달려 들어가 말하되 베드로가 대문 밖에 섰더라 하니 그들이 말하되 네가 미쳤다 (행 12:13-15 상)

예수를 믿는다는 고백 속에는 이런 내용이 들어 있습니다. 예수는 하나님이 우리를 사랑하사 구원하기 위하여, 평화와 정의를 이루기 위하여 보내신 그의 아들입니다. 하나님의 통치와 그의 측량할 수 없는 지혜가 궁극적으로 승리하리라는 실재적 증거가 예수 안에 있습니다. 그런데 우리를 위하여 오신 예수가 우리 손에 죽습니다.

아무도 양보하지 않는 이 세상에는 오직 이기심과 경쟁밖에 없습니다. 이런 우리에게, 어떤 정의도 평화도 만들어 낼 수 없는 인류에게 예수가 오셨습니다. 이것이 하나님의 방법입니다. 예수를 믿는다는 것은 이런 하나님의 방법 속으로 들어가는 것입니다.

이제 하나님은 우리에게 믿는 자만이 할 수 있는 일을 요구하십니다. 희생, 양보, 억울함, 져 주는 일 등입니다. 이런 일은 힘을 가져야 할 수 있는 것이 아닙니다. 오히려 나쁜 조건일수록 더욱 빛을 발합니다. 고린도후서 6장에 가 보겠습니다.

우리가 하나님과 함께 일하는 자로서 너희를 권하노니 하나님의 은혜를 헛되이 받지 말라 이르시되 내가 은혜 베풀 때에 너에게 듣고 구원의 날에 너를 도왔다 하셨으니 보라 지금은 은혜 받을 만한 때요 보라 지금은 구원의 날이로다 우리가 이 직분이 비방을 받지 않게 하려고 무엇에든지 아무에게도 거리끼지 않게 하고 오직 모든 일에 하나님의 일꾼으로 자천하여 많이 견디는 것과 환난과 궁핍과 고난과 매 맞음과 갇힘과 난동과 수고로움과 자지 못함과 먹지 못함 가운데서도 깨끗함과 지식과 오래 참음과 자비함과 성령의 감화와 거짓이 없는 사랑과 진리의 말씀과 하나님의 능력으로 의의 무기를 좌우에 가지고 영광과 욕됨으로 그러했으며 악한 이름과 아름다운 이름으로 그러했느니라 우리는 속이는 자 같으나 참되고 무명한 자 같으나 유명한 자요 죽은 자 같으나 보라 우리가 살아 있고 징계를 받는 자 같으나 죽임을 당하지 아니하고 근심하는 자 같으나 항상 기뻐하고 가난한 자 같으나 많은 사람을 부요하게 하고 아무 것도 없는 자 같으나 모든 것을 가진 자로다 (고후 6:1-10)

무엇과 무엇이 대비됩니까? '세상 권력으로 쓸 수 있는 것은 아무것도 받지 않았다'와 '하나님의 자녀이기 때문에 가지는 진리와 믿음과 소망은 얼마든지 있다'가 대비됩니다.

우리가 가진 것은 세상이 추구하는 가치와 다르므로, 하나님이 우리의 환경과 조건을 개선해 주시는지 여부는 중요하지 않습니다. 세상은 권력이나 재물과 같이 가질수록 갈증이 나는 것을 추구합니다. 반면에 우리는 얼마든지 빼앗겨도 사라지지 않는 것을 가지고 있습니다. 예수 안에 있는 하나님의 통치 말입니다. 빼앗고 싶으면 빼앗아 가라고 하십시오. 빼앗기면 너도 누리고 나도 누리게 되는 신비하고 풍성한 은혜가 펼쳐질 것입니다.

예수 그리스도의 탄생은 하나님에게 영광이었습니다. 하나님의 영광은 인간이 추구하는 것같이 빼앗는 것, 더 가지는 것이 아니라 기꺼이 내어 주시는 데에 있습니다. 놀라운 선언입니다. 예수를 믿는다고 하면서 이 자리에 오지 않으면, 우리의 신앙은 내세에서만 쓸모 있는 것이 되고 맙니다. 현실에서는 아무 쓸모도 없다면 아깝지 않습니까? 그러니 지금 신앙을 누리십시오. 감사와 자랑이 있는 인생임을 확인하여 가슴 펴고 살아가십시오.

질문하기

1.

초대교회는 복음을 증거하는 일과 관련하여 로마제국을 어떻게 이해했습니까?

2.

이번 장에서는 세상이 추구하는 것과 우리가 가진 것을 대조하고 있습니다. 이 둘은 어떻게 대조됩니까?

3.

우리에게 있는 것으로, 얼마든지 빼앗겨도 사라지지 않고 오히려 더 풍성해질 가치는 무엇입니까?

나누기

하나님을 믿는 우리만이 할 수 있는 일이 무엇인지 구체적으로 이야기해 봅시다.

05

세상의 것으로는
증명하지 못한다

1 안디옥 교회에 선지자들과 교사들이 있으니 곧 바나바와 니게르라 하는 시므온과 구레네 사람 루기오와 분봉 왕 헤롯의 젖동생 마나엔과 및 사울이라 **2** 주를 섬겨 금식할 때에 성령이 이르시되 내가 불러 시키는 일을 위하여 바나바와 사울을 따로 세우라 하시니 **3** 이에 금식하며 기도하고 두 사람에게 안수하여 보내니라 (행 13:1-3)

죽음의 길을 걷는 바울

안디옥 교회는 성령의 뜻을 따라 바울과 바나바를 선교사로 파송합니다. 이후 바울은 이방에 복음을 전하는 일에 남은 생애를 바칩니다.

우리가 사도행전에서 쉽게 떠올리는 사건은 오순절 성령강림과 사도 바울의 전도 여행일 것입니다. 대부분 이 두 사건을 긍정적으로 이해합니다. 바울에게서 시작된 복음 사역이 성공적이었기에 오늘날 우리가 예수를 믿게 되었다고 여기기 때문입니다.

그러나 사도행전과 바울의 서신서들을 보면 그의 선교 여행은 순탄하지도 않았고 성공적이었다고 평가하기도 어렵습니다. 하나님이 예수 안에서 베푸신 구원을 모든 인류에게 나누어 주기 위하여 바울을 세우셨다는 점에서는, 성경이 말하는 바와 우리의 이해가 일치합니다. 하지만 하나님이 그 일을 어떤 방식으로 했느냐 하는 점에서는, 성경의 진술과 우리의 이해 사이에 큰 차이가 있습니다. 사도행전 9장을 보면 다메섹으로 가던 사울을 예수께서 가로막고 항복시켜 그를 종으로 부르시는 장면이 나옵니다. 이런 하나님의 역사는 또한 아나니아에게 나타나 바울이 행할 사역을 전달하라고 히시는 장면에서 확인할 수 있습니다.

> 주께서 이르시되 가라 이 사람은 내 이름을 이방인과 임금들과 이스라엘 자손들에게 전하기 위하여 택한 나의 그릇이라 그가 내 이름을 위하여 얼마나 고난을 받아야 할 것을 내가 그에게 보이리라 하시니 (행 9:15-16)

'이 사람' 사울은 이방인과 임금들과 이스라엘 자손들에게 예수의 이름을 전하기 위하여 세워진 하나님의 종인데, 그가 주의 이름을 위하여 얼마나 고난을 받아야 할지 보이겠다고 하십니다. 실제로 그 길을 걸어간 바울은 고린도후서 4장에서 자신의 사역을 이렇게 설명합니다.

> 우리는 우리를 전파하는 것이 아니라 오직 그리스도 예수의 주 되신 것과 또 예수를 위하여 우리가 너희의 종 된 것을 전파함이라 어두운 데에 빛이 비치라 말씀하셨던 그 하나님께서 예수 그리스도의 얼굴에 있는 하나님의 영광을 아는 빛을 우리 마음에 비추셨느니라 우리가 이 보배를 질그릇에 가졌으니 이는 심히 큰 능력은 하나님께 있고 우리에게 있지 아니함을 알게 하려 함이라 우리가 사방으로 욱여쌈을 당하여도 싸이지 아니하

며 답답한 일을 당하여도 낙심하지 아니하며 박해를 받아도 버린 바 되지 아니하며 거꾸러뜨림을 당하여도 망하지 아니하고 우리가 항상 예수의 죽음을 몸에 짊어짐은 예수의 생명이 또한 우리 몸에 나타나게 하려 함이라 우리 살아 있는 자가 항상 예수를 위하여 죽음에 넘겨짐은 예수의 생명이 또한 우리 죽을 육체에 나타나게 하려 함이라 그런즉 사망은 우리 안에서 역사하고 생명은 너희 안에서 역사하느니라 (고후 4:5-12)

바울은 예수를 위하여 죽음에 넘겨지는 길을 걷는다고 합니다. 예수께서 죽음으로 아버지의 뜻을 이루시고 구원을 성취하시어 예수를 죽인 세상 권세를 이기셨습니다. 그래서 예수를 따르는 자들도 그와 동일한 길을 걷게 되는 것입니다. '우리가 예수의 죽음을 몸에 짊어짐으로 예수의 생명이 우리에게 나타나는' 방법으로 하나님은 일하고 계신다고 합니다.

　바울은 고린도 교회를 향해, 예수를 믿는다는 이유로 세상의 이해나 호의를 얻게 될 거라 기대하지 말라고 합니다. 세상은 예수를 알지 못하기 때문입니다. 빛이 있으라고 하나님이 명하셨기에 빛이 창조된 것같이, 한 영혼의 깊은 곳에 하나님이 창조의 능력으로 임하셔서 그를 구원하지 않으시면 세상은 하나님을 알 길이 없습니다. 바울은 하나님이 어떻게 일하셔서 그 일을 이루시는지 다 알 수 없지만, 자기에게 맡겨진 사명을 위하여 예수께서 그리하신 것같이 매일 자기 목숨을 내놓는 길을 기꺼이 걷고 있다고 고백합니다.

구경거리로서

고린도전서 4장으로 가면 사도 바울의 이야기가 조금 더 실감나게 다가옵니다.

> 내가 생각하건대 하나님이 사도인 우리를 죽이기로 작정된 자 같이 끄트머리에 두셨으매 우리는 세계 곧 천사와 사람에게 구경거리가 되었노라 우리는 그리스도 때문에 어리석으나 너희는 그리스도 안에서 지혜롭고 우리는 약하나 너희는 강하고 너희는 존귀하나 우리는 비천하여 바로 이 시각까지 우리가 주리고 목마르며 헐벗고 매맞으며 정처가 없고 또 수고하여 친히 손으로 일을 하며 모욕을 당한즉 축복하고 박해를 받은즉 참고 비방을 받은즉 권면하니 우리가 지금까지 세상의 더러운 것과 만물의 찌꺼기 같이 되었도다 (고전 4:9-13)

바울은 하나님이 마치 자기 일행을 죽이기로 작정한 사람들처럼 사용하셨다고 합니다. '끄트머리에 둔다'라는 말은 로마 사람이면 누구나 아는 표현입니다. 당시 로마는 제국으로 점점 커 가고 많은 이웃 나라를 정복하여 속국으로 삼던 중이었습니다. 그들은 전쟁에서 이길 때마다 개선 행진을 했습니다. 장군과 부관과 병사들이 시민들의 환호 속에 로마 시내로 들어옵니다. 대개 이런 행렬의 제일 끄트머리에는 전리품이 따라옵니다. 적국에서 빼앗은 호화스러운 보물뿐만 아니라 적국의 통치자들, 지휘관들이 포로가 되어 끌려옵니다. 끌려온 그들은 처형되거나 노

예가 됩니다. 그렇게 구경거리가 됩니다. 얼마나 부끄럽고 수치스럽고 고통스러운 자리입니까? 그런데 하나님이 사도들을 그렇게 쓰셨다고 합니다.

하나님은 우리 기도에 응답하시는 분입니다. 그렇다고 우리가 요구하는 대로 다 들어주지는 않으십니다. 우리는 무엇을 요구합니까? 우리의 최우선 기도 제목은 고난과 어려움을 면제해 달라는 것입니다. 내가 간구하는 문제가 해결되지 않아서 신앙생활에 열심을 내지 못한다며 핑계하기도 합니다. 내가 무엇을 잘못했기에 답을 주지 않으시는지, 어떻게 하면 답을 얻을 수 있는지 고민하며 매달리다가 결국 체념에 빠지고 맙니다.

하나님은 우리가 원하는 방식대로 일하지 않으신다는 내용이 성경에 가득한데도, 우리 눈에는 잘 안 들어옵니다. 성경을 아무리 읽어도 마찬가지입니다. 참으로 이상한 일입니다. 우리가 좋아하는 말씀은 저 구석에 있어도 눈에 쏙쏙 들어오는데 성경이 더 강조하는 진지한 요구들은 눈에 잘 들어오지 않습니다. 교회사 내내 그렇게 외면되어 왔습니다. 사도행전 13장도 그런 식으로 오해되어 왔습니다. 그러니 드디어 바울이 세계 전도 여행을 출발했다고 팡파르를 울릴 일이 아닙니다.

내 은혜가 네게 족하다

사도 바울은 고린도 교회에 쓴 편지에서 하나님이 일하시는 방식을 설명하며 사실 자신도 이 문제에 걸렸었다고 고백합니다.

고린도후서 12장입니다.

> 여러 계시를 받은 것이 지극히 크므로 너무 자만하지 않게 하
> 시려고 내 육체에 가시 곧 사탄의 사자를 주셨으니 이는 나를
> 쳐서 너무 자만하지 않게 하려 하심이라 이것이 내게서 떠나가
> 게 하기 위하여 내가 세 번 주께 간구하였더니 나에게 이르시
> 기를 내 은혜가 네게 족하도다 이는 내 능력이 약한 데서 온전
> 하여짐이라 하신지라 그러므로 도리어 크게 기뻐함으로 나의
> 여러 약한 것들에 대하여 자랑하리니 이는 그리스도의 능력이
> 내게 머물게 하려 함이라 그러므로 내가 그리스도를 위하여 약
> 한 것들과 능욕과 궁핍과 박해와 곤고를 기뻐하노니 이는 내가
> 약한 그 때에 강함이라 (고후 12:7-10)

사람들은 대개 고통을 면하고 최소한의 자존심을 지키기 위해
서 종교를 찾습니다. 사람 안에 있는 기본적인 종교성 때문입니
다. 물론 하나님은 우리의 고통을 외면하시는 분이 아닙니다. 하
나님은 자비로우시며 은혜로우셔서 우리에게 복 주기를 기뻐하
십니다.

그러나 우리의 소원대로 내버려 두지는 않으십니다. 우리의
마음을 가득 채운 소원은 그대로 굳어져서 더 깊은 신앙으로 들
어가는 것을 막는 경우가 많기 때문입니다. 남에게 아쉬운 소리
안 하고 살고 싶은 작은 소원에 머물러 기독교 신앙의 더 깊은
경지에 들어가지 못합니다. 하나님의 자녀라는 명예, 그의 영광
의 찬송이라는 약속에 들어가지 못합니다. 하나님은 이런 우리

의 생각과 타협하지 않으십니다. 사도 바울이 고린도후서에서 하는 이야기입니다.

사도는 사탄의 가시를 빼 달라고 세 번이나 기도했습니다. 자신의 형통을 위해서가 아니라 그 가시가 복음에 장애가 된다고 생각했기 때문입니다. 그러나 주께서 하신 대답은 달랐습니다. "내 은혜가 네가 족하도다."

신자인 우리 인생은 세상의 기준으로 판단될 수도, 그런 가치에 따라 보상받거나 증명될 수도 없습니다. 우리는 예수를 믿는 자로서의 존재와 운명을 가진 자입니다. 세상의 기준에서 벗어나, 새로운 가치와 소망 아래에서 자신을 이해하고 인생에 대한 명예를 가지게 되었습니다. 유능과 무능, 성공과 실패, 자랑과 오해를 넘어서는 명예 말입니다. 이것이 사도행전에서 사도 바울이 남겨 놓은 역사적 증언입니다. 이것이 신자의 현실을 말해주는 진리라면, 사도 바울이 걸었던 그 길이 우리 현실과 인생에 그대로 재현되어야 합니다.

이 부분이 어느 시대에나 예수 믿는 사람들이 가장 쉽게 걸려 넘어진 지점입니다. 예수를 믿는 진정한 가치와 명예를 몰라 늘 쩔쩔매고 비명을 지르며 도망갔던 지점입니다. 예수를 믿는다는 고백이 갖는 힘과 위대함을 붙드십시오. 그리하여 하나님의 자녀라는 이름이 갖는 명예와 담대함과 기적을 누리는 복된 존재와 인생이 되기 바랍니다.

질문하기

1.

주께서 아나니아를 바울에게 보내면서 바울이 어떤 사역을 행할 것이라고 알려 주십니까?

2.

'하나님이 우리를 죽이기로 작정한 자 같이 끄트머리에 두셨다' 라는 말은 무슨 의미입니까?

3.

사도 바울은 왜 사탄의 가시를 빼 달라고 세 번이나 기도했습니까?

나누기

성경이 가르치는 바와 내가 생각하는 바가 다르다는 것을 실감한 경험이 있다면 나누어 봅시다.

예수 안에서만
보인다

26 형제들아 아브라함의 후손과 너희 중 하나님을 경외하는 사람들아 이 구원의 말씀을 우리에게 보내셨거늘 **27** 예루살렘에 사는 자들과 그들 관리들이 예수와 및 안식일마다 외우는 바 선지자들의 말을 알지 못하므로 예수를 정죄하여 선지자들의 말을 응하게 하였도다 … **32** 우리도 조상들에게 주신 약속을 너희에게 전파하노니 **33** 곧 하나님이 예수를 일으키사 우리 자녀들에게 이 약속을 이루게 하셨다 함이라 시편 둘째 편에 기록한 바와 같이 너는 내 아들이라 오늘 너를 낳았다 하셨고 **34** 또 하나님께서 죽은 자 가운데서 그를 일으키사 다시 썩음을 당하지 않게 하실 것을 가르쳐 이르시되 내가 다윗의 거룩하고 미쁜 은사를 너희에게 주리라 하셨으며 **35** 또 다른 시편에 일렀으되 주의 거룩한 자로 썩음을 당하지 않게 하시리라 하셨느니라 … **37** 하나님께서 살리신 이는 썩음을 당하지 아니하였나니 **38** 그러므로 형제들아 너희가 알 것은 이 사람을 힘입어 죄 사함을 너희에게 전하는 이것이며 **39** 또 모세의 율법으로 너희가 의롭다 하심을 얻지 못하던 모든 일에도 이 사람을 힘입어 믿는 자마다 의롭다 하심을 얻는 이것이라 … (행 13:26-41)

다윗 언약과 예수

전도 여행을 떠난 바울과 그 일행은 비시디아 안디옥에 도착합니다. 안식일이 되자 바울은 유대인들의 회당에 가서 이스라엘 사람들과 하나님을 경외하는 이방인들을 대상으로 설교를 합니다. 바울은 '예수 그리스도가 메시아다'라고 설교하는데, 이 선포를 뒷받침하기 위해 다윗을 언급합니다.

사무엘하 7장에서 하나님은 다윗에게 승리와 영광을 주시고, 그의 후손들을 통해 왕권을 영원토록 견고히 하겠다고 약속하십니다. 이스라엘 백성은 다윗 왕권의 영원함에 대한 이 약속이 이스라엘 민족의 영원한 승리와 영화를 가리킨다고 생각했습니다.

그런데 이런 생각은 다윗이 받은 약속을 오해한 데서 비롯한 것이라고 바울은 말합니다. 다윗 언약은 보이는 지상 국가의 완성으로 성취되는 것이 아닙니다. 다윗은 죽고 그가 일으킨 나라는 그의 손자 때에 분열되고 세월이 흘러 결국 망합니다.

그러면 다윗에게 주신 약속은 어떻게 된 것일까요? 말뿐인 약속에 그치고 만 것일까요? 그렇지 않습니다. 다윗 언약은 예수를 통해 성취됩니다. 그러니 다윗 언약의 결말을 보려면 예수를 보아야 합니다. 죽음으로 끝나는 이 세상을 예수가 부활로 극복하셔서 그의 나라가 영원한 나라임을 보이셨습니다. 이로써 예수야말로 다윗에게 주신 언약을 이루는 진정한 주인공이며 메시아임을 나타냅니다.

바울이 설교한 대상은 이스라엘 사람들과 하나님을 경외하는 자들이었습니다. 이미 하나님을 알고 있는 사람들에게 설교한 것입니다. 여기서 바울은 '하나님이 우리에게 복을 주려고 하신다. 하나님은 우리 인생과 역사의 주인이시다' 하는 성경의 약속을 쉽게 생각하지 말라고 합니다. 자신이 생각하는 수준에 머무르지 말고 더 크게 보라고 요구합니다. 사도 바울은 설교 말미에서 이렇게 경고합니다.

그런즉 너희는 선지자들을 통하여 말씀하신 것이 너희에게 미칠까 삼가라 일렀으되 보라 멸시하는 사람들아 너희는 놀라고 멸망하라 내가 너희 때를 당하여 한 일을 행할 것이니 사람이 너희에게 일러줄지라도 도무지 믿지 못할 일이라 하였느니라 하니라 (행 13:40~41)

죄를 극복한 나라

사도행전 13장에 나오는 바울 설교의 요점은 '보이는 세상은 궁극적이지 않다'는 것입니다. 이 세상은 제한적이고 결국 맞이할 끝이 있습니다. 끝이 있다는 것은, 세상은 마침내 역사의 주인인 하나님의 목적에 다다르게 된다는 말입니다. 지금은 그러한 완성을 향해 가는 과정입니다.

그런데 우리는 이 같은 종말론적 완성에는 관심이 없고 당장 눈앞의 문제가 해결되기만을 바랍니다. 이스라엘 백성들이 자기 민족을 강력한 국가로 회복하는 일을 메시아의 사명이라고 기대했듯이, 우리는 눈에 보이는 보상을 통해 하나님의 약속이 이루어지기를 기대합니다. 절망스러운 현실에 하나님의 약속이 당장 실현되기를 원하는 것입니다.

그러나 하나님의 일하심은 우리 기대와 다릅니다. 다윗은 죽었습니다. 이스라엘도 망하고 말았습니다. 그런데 이 역사를 통해 하나님이 하신 약속이 얼마나 큰가를 보이십니다. 예수 믿는 우리 모두에게 이 일이 반복됩니다.

하나님이 하신 약속의 신실함과 하나님이 역사와 운명의 주인이라는 사실을 확인하게 해 주는 일들이 있습니다. 기도 응답과 기적입니다. 그러나 그런 일을 보고도 세상은 예수를 믿지 않습니다. 세상이 예수를 믿지 않는다는 것은, 기독교는 세상의 권력을 가질 수 없고 세상이 천국이 되는 일은 일어나지 않는다는 말입니다.

성경은 우리 눈에 보이는 이 시공간보다 더 큰 나라를 선포합니다. 그 영원한 나라는 우리가 상상할 수 있는 범위를 훌쩍 넘어선다고 가르칩니다. 이 약속을 지금 확인할 수 있는 구체적 방법은 오직 예수밖에 없습니다. 여기서 예수는 다윗과 대비됩니다. 에수는 보이는 것을 전부로 생각하는 우리의 틀을 깨 버립니다. 우리에게 주어진 약속의 실체가 얼마나 굉장한지에 대한 역사적이고 실제적인 증거가 예수의 부활을 통해 증명됩니다.

부활이란 사망을 이기는 것입니다. 사망은 죗값입니다. 예수의 부활을 통해 죄를 극복한 나라, 진정한 정의와 평화가 있는 나라, 사랑이 실현되는 나라가 증거됩니다. 다윗의 정치적 승리를 재현하는 일을 통해서가 아니라, 죄에 대한 예수의 승리를 통해 그가 메시아임이 확증됩니다. 다윗 왕국은 주변 모든 나라를 정복하여 정치 군사적으로 으뜸가는 나라를 세움으로써 이 일에 대한 기대를 품게 하는 증거 역할을 했습니다. 그러나 보이는 증거들은 결국 예표에 불과합니다. 진정한 하나님 나라는 누군가와 싸워 이겨서 세우는 나라가 아니라 죄를 극복한 나라, 하나님과의 관계가 회복되는 나라를 말합니다.

지금은 과정

이사야 55장에 가면, 다윗에게 한 약속이 얼마나 크며 그것이 왜 예수 안에서 이해될 수 있는지에 대해 짐작해 볼 수 있습니다.

너희는 귀를 기울이고 내게로 나아와 들으라 그리하면 너희의 영혼이 살리라 내가 너희를 위하여 영원한 언약을 맺으리니 곧 다윗에게 허락한 확실한 은혜이니라 보라 내가 그를 만민에게 증인으로 세웠고 만민의 인도자와 명령자로 삼았나니 보라 네가 알지 못하는 나라를 네가 부를 것이며 너를 알지 못하는 나라가 네게로 달려올 것은 여호와 네 하나님 곧 이스라엘의 거룩하신 이로 말미암음이니라 이는 그가 너를 영화롭게 하였느니라 (사 55:3-5)

다윗에게 하신 약속은 이스라엘 민족에게만 국한되지 않습니다. 여러 나라, 열방을 부르는 약속입니다. 범위의 한계나 시간 제한도 없습니다. 그 나라는 영원한 나라입니다. 지금 당장 처지를 개선해 주겠다는 약속보다 훨씬 큽니다. 하나님이 이런 말할 수 없이 큰 약속을 주신 후, 이렇게 초청하십니다.

너희는 여호와를 만날 만한 때에 찾으라 가까이 계실 때에 그를 부르라 악인은 그의 길을, 불의한 자는 그의 생각을 버리고 여호와께로 돌아오라 그리하면 그가 긍휼히 여기시리라 우리 하나님께로 돌아오라 그가 너그럽게 용서하시리라 (사 55:6-7)

6절과 7절만 읽으면 잘못한 데서 돌이키라는 이야기를 하는 것 같습니다. 그러나 하나님은 더 큰 것을 말씀하십니다.

이는 내 생각이 너희의 생각과 다르며 내 길은 너희의 길과 다름이니라 여호와의 말씀이니라 이는 하늘이 땅보다 높음 같이 내 길은 너희의 길보다 높으며 내 생각은 너희의 생각보다 높음이니라 이는 비와 눈이 하늘로부터 내려서 그리로 되돌아가지 아니하고 땅을 적셔서 소출이 나게 하며 싹이 나게 하여 파종하는 자에게는 종자를 주며 먹는 자에게는 양식을 줌과 같이 내 입에서 나가는 말도 이와 같이 헛되이 내게로 되돌아오지 아니하고 나의 기뻐하는 뜻을 이루며 내가 보낸 일에 형통함이니라 (사 55:8-11)

하나님이 하시는 일은 잘잘못을 가려내는 문제보다 훨씬 큽니다. 우리 생각보다 높습니다. 우리는 하나님의 약속이 당장 눈앞에 성취되어야 한다고 생각합니다. 보이는 것이 현실뿐이어서 그렇습니다. 그러나 하나님이 하시는 일은 보이는 것보다 더 큰 차원에서 이루어집니다. 장차 완성될 것이고, 지금은 과정 가운데 있습니다. 비가 내리면 하늘로 되돌아가지 않고, 땅을 적셔서 종자들을 키우고 결실하게 하는 것같이 하나님의 말씀은 일을 이루고 결실할 것입니다.

그러니 신앙을 가진다는 것은, 우리에게 일어나는 일들이 다만 옳고 그름의 판단, 응답을 받고 못 받고의 싸움보다 더 크다는 사실을 아는 것입니다. 하나님의 신실하심과 능력과 자비와 긍휼과 성의가 여기에 있습니다. 하나님이 다윗에게 하신 영원한 약속을 이루기 위하여 그 아들을 보내셨던 것처럼, 우리의 부족함과 못남과 실패 속에서도 약속의 나라를 허락하셨습니다. 예수께서 우리 죄를 위하여 십자가를 지고 죽음을 극복하여 부활의 나라를 이루셨기 때문입니다. 하나님이 우리의 잘못, 부족함, 어리석음, 한숨, 후회, 절망에도 불구하고, 우리를 예수로 끌어안아 목적한 나라까지 이끌어 가시는 분이라는 사실을 믿음의 눈으로 볼 수 있기 바랍니다.

질문하기

1.

이스라엘 백성들은 다윗의 언약을 어떻게 오해했습니까?

_____

2.

바울이 설교한 하나님 나라는 어떤 나라입니까?

_____

3.

신앙을 가진다는 것은 무엇보다 더 큽니까?

_____

나누기

나에게 일어난 일을 잘잘못의 문제를 넘어 더 큰일로 생각하게
되었던 경험이 있다면, 나누어 봅시다.

07

하나님과 관계가
회복되다

8 루스드라에 발을 쓰지 못하는 한 사람이 앉아 있는데 나면서 걷지 못하게 되어 걸어 본 적이 없는 자라 **9** 바울이 말하는 것을 듣거늘 바울이 주목하여 구원 받을 만한 믿음이 그에게 있는 것을 보고 **10** 큰 소리로 이르되 네 발로 바로 일어서라 하니 그 사람이 일어나 걷는지라 **11** 무리가 바울이 한 일을 보고 루가오니아 방언으로 소리 질러 이르되 신들이 사람의 형상으로 우리 가운데 내려오셨다 하여 **12** 바나바는 제우스라 하고 바울은 그 중에 말하는 자이므로 헤르메스라 하더라 **13** 시외 제우스 신당의 제사장이 소와 화환들을 가지고 대문 앞에 와서 무리와 함께 제사하고자 하니 **14** 두 사도 바나바와 바울이 듣고 옷을 찢고 무리 가운데 뛰어 들어가서 소리 질러 **15** 이르되 여러분이여 어찌하여 이러한 일을 하느냐 우리도 여러분과 같은 성정을 가진 사람이라 여러분에게 복음을 전하는 것은 이런 헛된 일을 버리고 천지와 바다와 그 가운데 만물을 지으시고 살아 계신 하나님께로 돌아오게 함이라 … **18** 이렇게 말하여 겨우 무리를 말려 자기들에게 제사를 못하게 하니라 (행 14:8–18)

자기 소원을 위한 우상

바나바와 바울은 안디옥 교회에서 파송을 받아 전도 여행을 시작합니다. 여행 중에 지금의 터키 남부 지방에 자리한 루스드라에 이르게 되는데, 그곳에서 발을 못 쓰는 사람을 고칩니다. 이 광경을 본 사람들이 바나바와 바울을 제우스와 헤르메스라고 부르며 그들에게 제사를 드리려 합니다. 그러자 두 사도가 펄쩍 뛰며 말립니다. 제지하는 두 사도의 말에서 하나님을 믿는 자와 믿지 않는 자 간의 중요한 차이를 발견할 수 있습니다.

이르되 여러분이여 어찌하여 이러한 일을 하느냐 우리도 여러분과 같은 성정을 가진 사람이라 여러분에게 복음을 전하는 것은 이런 헛된 일을 버리고 천지와 바다와 그 가운데 만물을 지으시고 살아 계신 하나님께로 돌아오게 함이라 (행 14:15)

'하나님만이 천지와 역사의 주인인 유일한 신이다. 그 하나님에게 돌아오라고 우리가 복음을 들고 왔는데, 기껏 우리를 제우스와 헤르메스라고 생각하느냐?' 하는 말입니다.

인간이 스스로 신을 만들고 자기가 만든 우상에게 절하는 것은 자기가 세운 목적과 소원을 제 힘으로는 이룰 수 없어서 자기보다 능력 있는 존재에게 요청하기 위해서입니다. 사람들은 예수가 오셔서 기적을 베푸실 때나 사도들이 이적을 행할 때에 늘 이런 태도를 보였습니다.

요한복음 6장에는 오병이어 사건이 나옵니다. 예수님이 보리떡 다섯 개와 물고기 두 마리로 오천 명을 먹이시는데, 무리가 이 기적을 목격하고는 예수를 뒤쫓습니다. 예수님의 행방을 쫓던 무리는 결국 예수님을 찾아내는데, 당시 일이 이렇게 기록되어 있습니다.

바다 건너편에서 만나 랍비여 언제 여기 오셨나이까 하니 예수께서 대답하여 이르시되 내가 진실로 진실로 너희에게 이르노니 너희가 나를 찾는 것은 표적을 본 까닭이 아니요 떡을 먹고 배부른 까닭이로다 썩을 양식을 위하여 일하지 말고 영생하도록 있는 양식을 위하여 하라 이 양식은 인자가 너희에게 주리니 인자는 아버지 하나님께서 인치신 자니라 (요 6:25-27)

예수님이 기적을 행하시면, 사람들은 늘 그 결과에만 주목합니다. 그런데 예수님은 기적 대신 '표적'이라는 단어를 쓰십니다. 기적 자체보다 그런 기적을 행한 자, 그 기적이 가리키는 바가 더 중요하다는 뜻입니다. 예수님이 죽은 자를 살리시거든, 과연 그가 누구이기에 이런 일이 일어나는가 보라는 것입니다. 사도행전에서 계속되는 기적도 마찬가지입니다. 그 일들은 예수께서 이루신 일에 대한 증거일 뿐입니다. 예수를 믿는 목적이 그런 이적을 얻어 내는 데에 있지 않기 때문입니다.

사도행전 8장에서는 시몬이라는 마술사가 자기가 안수하는 이마다 성령을 받게 하는 능력을 돈으로 사겠다고 한 일이 나옵니다. 이제 14장에 오면 루스드라에서도 사람들이 바울과 바나바가 행한 일을 보고 그들을 신으로 섬기겠다고 합니다. 그들을 섬기면 자기들의 소원을 이룰 수 있으리라 여겼기 때문입니다. 사도들은 사람들의 이런 죄성을 맹렬히 지적하여 그들을 제지합니다.

소원이 아니라 관계

사도행전 13장을 보면, 안디옥 교회가 바나바와 바울을 선교사로 파송하고, 그들은 가는 곳마다 유대인의 회당을 찾아가 복음을 전하는 내용이 나옵니다. 그들이 먼저 염두에 두었던 청중은 유대인이었습니다. 사도들은 회당에서 설교하면서 이스라엘 역사에 주어졌던 하나님의 약속들을 상기시키고 예수가 어떻게 예언대로 오셔서 언약을 성취하셨는지, 또 그 성취를 통해 얼마나 영광스러운 약속이 주어졌는지 이야기합니다.

14장에서도 이고니온에 있는 유대인의 회당에서 사도들이 복음을 전하며 이적을 행하는 장면이 나옵니다. "두 사도가 오래 있어 주를 힘입어 담대히 말하니 주께서 그들의 손으로 표적과 기사를 행하게 하여 주사 자기 은혜의 말씀을 증언하시니"(행 14:3)라고 합니다. 이들이 전하는 복음이 하나님에게서 왔다는 증거로 기적이 주어진 것입니다. 기적 그 자체가 목적이 아닙니다. 기적을 통해 결국 말하고자 하는 것은 하나님에게로 돌아오라는 것입니다.

구약 말씀을 물려받아 하나님을 아는 유대인들이었지만, 그 하나님이 어떤 분인가에 대해서는 아직 분명히 알지 못한 상태였습니다. 그들에게 하나님의 약속의 진실함과 구체성을 확인하게 해 주는 것은 예수였습니다. 하나님이 친히 아버지가 되시고, 그들을 당신의 자녀로 부르고 계시다는 증거가 바로 예수의 성육신이었습니다.

예수를 믿으라는 것은, 하나님을 모른 채 딴 데 가서 절하지 말고 하나님이 아닌 다른 것으로 힘이나 소원을 삼지 말고 하나님을 아버지로 모시고 그의 뜻에 순종하며 그가 주시는 복 가운데 살라는 이야기입니다. 하나님에게로 돌아오라, 하나님과의 관계를 회복하라는 초대입니다.

사도들이 기적을 통해 전하려는 메시지는 무엇입니까? 소원을 이루는 수단을 갖게 되었다는 기쁨이 아닙니다. 하나님 없이 하나님을 외면하고 살던 자리에서 하나님의 자녀로 돌아오라는 이야기입니다.

우리가 만일 미쳤어도 하나님을 위한 것이요 정신이 온전하여도 너희를 위한 것이니 그리스도의 사랑이 우리를 강권하시는도다 우리가 생각하건대 한 사람이 모든 사람을 대신하여 죽었은즉 모든 사람이 죽은 것이라 그가 모든 사람을 대신하여 죽으심은 살아 있는 자들로 하여금 다시는 그들 자신을 위하여 살지 않고 오직 그들을 대신하여 죽었다가 다시 살아나신 이를 위하여 살게 하려 함이라 그러므로 우리가 이제부터는 어떤 사람도 육신을 따라 알지 아니하노라 비록 우리가 그리스도도 육신을 따라 알았으나 이제부터는 그같이 알지 아니하노라 그런즉 누구든지 그리스도 안에 있으면 새로운 피조물이라 이전 것은 지나갔으니 보라 새 것이 되었도다 모든 것이 하나님께로서 났으며 그가 그리스도로 말미암아 우리를 자기와 화목하게 하시고 또 우리에게 화목하게 하는 직분을 주셨으니 곧 하나님께서 그리스도 안에 계시사 세상을 자기와 화목하게 하시며 그들의 죄를 그들에게 돌리지 아니하시고 화목하게 하는 말씀을 우리에게 부탁하셨느니라 (고후 5:13-19)

하나님과의 관계가 모든 일의 관건입니다. 예수가 우리의 모든 것입니다. 우리를 죽음에 내버려 두지 않고 부르시는 하나님의 사랑, 그 지극한 사랑의 실제 증거가 예수입니다.

예수 안에서 우리는 하나님의 자녀가 됩니다. 자녀에게는 엄청난 특권이 있습니다. 케네디 대통령이 회의할 때, 아무 때나 벌

컥 문을 열고 뛰어 들어올 수 있는 사람은 자녀뿐이었습니다. 자녀가 된다는 것은 무엇으로도 제지할 수 없는 어마어마한 특권입니다.

부모는 자녀에게 아끼지 않습니다. 하나님이 우리에게 당신의 아들을 주셨습니다. 예수 안에서 일어난 이 기적에 대해 로마서는 말합니다. '그 아들과 함께 모든 것을 우리에게 주시지 아니하겠느냐.' 그런데 우리는 이 특권을 자주 놓칩니다. 예수를 믿는다는 말의 크기를 모르니, 예수의 이름을 들먹여서 겨우 무엇을 달라고 할 뿐입니다. 성공을 달라고, 죄책감을 없애 달라고, 안심하게 해 달라고, 자존심을 지키게 해 달라고 예수를 들먹입니다.

처음 믿을 때는 그럴 수 있습니다. 그러나 한 해 한 해 신앙생활을 해 가면서 예수를 믿는다는 것이 무엇인지, 하나님이 예수를 보내셨다는 것이 무엇인지를 깨달아야 합니다. 아파서, 억울해서, 괴로워서 문을 두드리는 것으로 시작하여 비로소 하나님을 만나고 예수가 누구신지 배우게 됩니다. 그렇게 시작하여 나아가다 보면, 우리가 달라고 하는 것보다 더 큰, 비교할 수 없는 하나님의 부르심을 맞이하게 됩니다.

질문하기

1.

인간이 스스로 신을 만들고 자기가 만든 우상에게 절을 하는 이유가 무엇입니까?

2.

기적을 통해 결국 말하려는 것은 무엇입니까?

3.

하나님의 그 지극한 사랑의 실제 증거는 무엇입니까?

나누기

우리가 달라고 하는 것보다 더 큰, 비교할 수 없는 하나님의 부르심과 만났던 경험이 있다면 나누어 봅시다.

08

예수로
충분하다

19 유대인들이 안디옥과 이고니온에서 와서 무리를 충동하니 그들이 돌로 바울을 쳐서 죽은 줄로 알고 시외로 끌어 내치니라 **20** 제자들이 둘러섰을 때에 바울이 일어나 그 성에 들어갔다가 이튿날 바나바와 함께 더베로 가서 **21** 복음을 그 성에서 전하여 많은 사람을 제자로 삼고 루스드라와 이고니온과 안디옥으로 돌아가서 **22** 제자들의 마음을 굳게 하여 이 믿음에 머물러 있으라 권하고 또 우리가 하나님의 나라에 들어가려면 많은 환난을 겪어야 할 것이라 하고 **23** 각 교회에서 장로들을 택하여 금식 기도 하며 그들이 믿는 주께 그들을 위탁하고 **24** 비시디아 가운데로 지나서 밤빌리아에 이르러 **25** 말씀을 버가에서 전하고 앗달리아로 내려가서 **26** 거기서 배 타고 안디옥에 이르니 이 곳은 두 사도가 이룬 그 일을 위하여 전에 하나님의 은혜에 부탁하던 곳이라 **27** 그들이 이르러 교회를 모아 하나님이 함께 행하신 모든 일과 이방인들에게 믿음의 문을 여신 것을 보고하고 **28** 제자들과 함께 오래 있으니라 (행 14:19-28)

박해받는 교회

바울과 바나바는 루스드라에서 발을 쓰지 못하는 환자를 고치고, 이 사건으로 말미암아 신으로 오해받습니다. 이들은 자신들을 신으로 떠받들려는 무리를 말리면서 자기들은 하나님을 증거하며 하나님이 주시려는 구원과 복음을 전하러 왔다고 이야기합니다. 이 사역의 결과가 본문 말씀에 소개되어 있습니다. 기적을 보고 놀라 제사를 지내려던 사람들은 유대인들의 충동질에 자극되어 바울 사도를 돌로 쳐 쓰러트립니다. "유대인들이 안디옥과 이고니온에서 와서 무리를 충동하니 그들이 돌로 바울을 쳐서 죽은 줄로 알고 시외로 끌어 내치니라"(행 14:19).

이처럼 바울은 거의 죽음에 이를 정도의 큰 곤경에 처하게 되었는데도 이어지는 사도들의 행적은 그저 담담한 어조로 기록되어 있습니다.

제자들이 둘러섰을 때에 바울이 일어나 그 성에 들어갔다가 이튿날 바나바와 함께 더베로 가서 복음을 그 성에서 전하여 많은 사람을 제자로 삼고 루스드라와 이고니온과 안디옥으로 돌아가서 제자들의 마음을 굳게 하여 이 믿음에 머물러 있으라 권하고 또 우리가 하나님의 나라에 들어가려면 많은 환난을 겪어야 할 것이라 하고 각 교회에서 장로들을 택하여 금식 기도하며 그들이 믿는 주께 그들을 위탁하고 (행 14:20-23)

돌에 맞아 죽은 줄 알았던 바울은 여러 신자가 보는 가운데 다시 일어나, 바나바와 함께 처음 왔던 길을 되돌아 안디옥으로 귀환합니다. 돌아오는 여행에서도 많은 일이 있었을 텐데, 성경에는 그 많은 사건이 빠져 있습니다. 돌에 맞아 죽을 뻔한 바울의 심경에 대해서도 아무런 언급이 없습니다. '이럴 수가 있느냐? 나한테 돌을 던졌으니 너희는 벌 받을 줄 알아라. 하나님, 저 사람들을 놔두지 마십시오. 이럴 수는 없습니다'와 같은 말이 하나도 없습니다. 바울이 겪은 일이 늘 보는 광경이라도 되는 듯, 사도들은 묵묵히 제 할 일을 할 뿐입니다. 사도들은 맡겨진 자기 역할을 말없이 수행하고 돌아왔다고만 보고됩니다.

사람들은 공공장소에서 바울을 돌로 쳐 죽이려고 했습니다. 공공장소에서 누군가를 돌로 친다는 것은 당시 사회 분위기가 이런 행동을 용납했다는 뜻입니다. 그러니 스스럼없이 돌을 던질 수 있었을 것입니다. 사도행전은 바로 이런 형편 속에서 하나님의 일이 이루어지고 있었다고 기록합니다.

고난 속에 사는 바울

예수를 믿고 살며 하나님이 요구하시는 대로 순종했는데도, 세상은 우리를 알아주지 않고 오히려 적대적입니다. 이것이 신자가 맞서야 할 신앙생활의 첫 번째 도전이요, 중대한 시험거리라고 할 수 있습니다.

하나님이 유일한 창조주요 우주와 역사의 주인이신데, 어떻게 하나님을 거스르는 세력이 남아 있을 수 있다는 말인가 하는 생각이 듭니다. 우리 생각에는 환난을 당하는 삶보다 순풍을 타고 사는 삶이 하나님의 뜻을 이루는 데에 훨씬 도움이 될 것 같습니다. 많이들 그렇게 생각하고 기대하며 삽니다. 이에 대해 사도 바울은 자신의 사역을 통해 답을 얻습니다.

형제들아 내가 당한 일이 도리어 복음 전파에 진전이 된 줄을 너희가 알기를 원하노라 이러므로 나의 매임이 그리스도 안에서 모든 시위대 안과 그 밖의 모든 사람에게 나타났으니 형제 중 다수가 나의 매임으로 말미암아 주 안에서 신뢰함으로 겁 없이 하나님의 말씀을 더욱 담대히 전하게 되었느니라 어떤 이들은 투기와 분쟁으로, 어떤 이들은 착한 뜻으로 그리스도를 전파하나니 이들은 내가 복음을 변증하기 위하여 세우심을 받은 줄 알고 사랑으로 하나 그들은 나의 매임에 괴로움을 더하게 할 줄로 생각하여 순수하지 못하게 다툼으로 그리스도를 전파하느니라 그러면 무엇이냐 겉치레로 하나 참으로 하나 무슨 방도로 하든지 전파되는 것은 그리스도니 이로써 나는 기뻐하고 또한 기뻐하리라 이것이 너희의 간구와 예수 그리스도의 성령의 도우심으로 나를 구원에 이르게 할 줄 아는 고로 나의 간절한 기대와 소망을 따라 아무 일에든지 부끄러워하지 아니하고 지금도 전과 같이 온전히 담대하여 살든지 죽든지 내 몸에서 그리스도가 존귀하게 되게 하려 하나니 이는 내게 사는 것이 그리스도니 죽는 것도 유익함이라 (빌 1:12-21)

바울은 옥에 갇혀 있습니다. 자유로운 몸으로 힘써 봉사해야 할 시기인데, 이렇게 갇힌 것이 자기도 이해되지 않았을 것입니다. 상식으로 생각해 보아도, 하나님이 로마 권력조차 이기지 못하고 당신의 종마저 보호할 수 없다면 복음을 전하는 데 중대한 장애가 될 것이 분명해 보입니다.

그런데 바울이 붙잡히자, 그가 활발히 돌아다니며 전도할 때보다 더 좋은 결과가 일어났다고 합니다. 오히려 빌립보 교회는 믿음 위에 더 힘 있게 섭니다. 평소 바울에게 시기심과 경쟁심을 품었던 사람들은 바울이 잡혔다는 소식에 '그거 잘됐다'라며 더 열심을 냈고, 그동안 뒤로 물러나 있던 사람들은 바울이 잡혀 있는 상황이 안타까워 '선생님이 잡혔으니 나라도 나서자' 하고 새로이 일어서기도 했습니다. 바울이 홀로 일했으면 조금밖에 성취하지 못했을 일이 그가 잡히자 더 풍성한 열매로 결실했습니다. 놀라운 일입니다. '전파되는 것은 그리스도니 이로써 나는 기뻐하고 또한 기뻐하리라.'

하나님이 일하시는 방법

우리는 기독교가 세상에서 분명하고 우월한 목소리를 내기를 기대합니다. 그러나 신자는 무명한 사람들입니다. 우리가 예수 믿는 줄을 대체 누가 알아봅니까? 예수 믿는 것을 화끈하게 보여 줄 만한 증거가 우리에게는 없습니다. 그러나 사도 바울은 이렇게 고백합니다. '내게 사는 것이 그리스도니 죽는 것도 유익함이라.' 이 구절이 없으면, 우리는 자기에게 일어나는 일을 이해하지 못할 것입니다.

아무 쓸모없는 것으로도 하나님이 일하신다는 사실을 알기 때문에, 바울은 더 오래 살아서 이 일하심을 알리고자 합니다. 죽는 것보다는 사는 게 나아서 더 살겠다는 것이 아닙니다. 바울에게는 죽는 편이 더 좋습니다. 죽으면 천국이 기다리기 때문입니다. 그러나 살아 있으면 어떻습니까? 여전히 아무것도 아닌 존재로 비참하게 살 것입니다. 그런데 이런 모습을 가지고서도 하나님이 무엇인가를 하신답니다. 그래서 바울은 더 살겠다고 하는 것입니다.

빌립보서 2장은 하나님이 일하시는 방법이 예수 안에서 이렇게 증거되어 있음을 보여 줍니다.

너희 안에 이 마음을 품으라 곧 그리스도 예수의 마음이니 그는 근본 하나님의 본체시나 하나님과 동등됨을 취할 것으로 여기지 아니하시고 오히려 자기를 비워 종의 형체를 가지사 사람들과 같이 되셨고 사람의 모양으로 나타나사 자기를 낮추시고 죽기까지 복종하셨으니 곧 십자가에 죽으심이라 이러므로 하나님이 그를 지극히 높여 모든 이름 위에 뛰어난 이름을 주사 하늘에 있는 자들과 땅에 있는 자들과 땅 아래에 있는 자들로 모든 무릎을 예수의 이름에 꿇게 하시고 모든 입으로 예수 그리스도를 주라 시인하여 하나님 아버지께 영광을 돌리게 하셨느니라 그러므로 나의 사랑하는 자들아 너희가 나 있을 때뿐 아니라 더욱 지금 나 없을 때에도 항상 복종하여 두렵고 떨림으로 너희 구원을 이루라 (빌 2:5-12)

감동적인 이야기가 아니라 무서운 이야기입니다. 하나님이 그 무서운 길을 제시하시고, 직접 그 길을 걸으셨음을 알라고 합니다. 마찬가지로 우리에게도 그 길을 가라고 하십니다. 사도 바울은 빌립보서 1장에서 이렇게 말합니다. "너희에게도 그와 같은 싸움이 있으니 너희가 내 안에서 본 바요 이제도 내 안에서 듣는 바니라"(빌 1:30). 그렇게 우리도 오해받고 억울해 하면서, 적대와 핍박 속을 걸으면서, 만족스러운 조건을 허락받지 못하면서, 하나님의 일하심에 자신을 맡기며 살아야 합니다.

본문에서 바울이 한 일은 무엇입니까? 그는 돌에 맞아 쓰러집니다. 경건하다는 사람들이 와서 바울을 돌로 쳐 쓰러트립니다. 바울의 이런 모습을 통해 예수 믿고 사는 인생이 무엇인지 깨달아야 합니다. 하나님이 어떻게 일하시는지 알아야 합니다. 우리는 남 보란 듯이 멋지게 살고 싶습니다. 유능하고 싶습니다. 그러나 하나님이 그렇게 살게 해 주지는 않으십니다.

세상에 있는 어떤 것도 예수를 대신할 수 없습니다. 예수가 누구며 무엇을 하셨는지, 예수가 증거한 것이 무엇인지, 예수가 무엇을 끌어안으셨는지를 보며 우리도 그 길을 가야 합니다. 이것이 사도행전의 핵심입니다.

여기서 생각해 봅시다. 억울하고 분하고 오해받으면서도 예수를 믿겠습니까? 혹은 세상이 뭐라고 하면 안 믿겠습니까? 예수 믿는 일은 우리 결심보다 더 큽니다. 우리는 하나님에게 단단히 붙잡혔습니다. 붙잡혀서 하나님을 알게 되었습니다.

우리는 신앙생활을 하면서 하나님 앞에 자꾸 빌게 됩니다. 조금만 봐 달라고, 조금만 봐주면 견디겠다고 합니다. 그런데도 상황은 나아지지 않습니다. 더 억울해지고 더 오해받습니다. 어떻게 하겠습니까? 그래도 우리는 믿지 않을 수가 없습니다. 나중에는 '하나님, 그냥 빨리 데려가 주세요'라고 부르짖게 됩니다. 그런 우리에게 본문 말씀은 고생하며 살아 있으라고 합니다. 하나님이 그렇게 말씀하시니 그분에게 우리를 맡기고 괄시받고 살기로 작정해야 합니다.

질문하기

1.

신자에게 중대한 시험이 되는 신앙생활의 첫 번째 도전은 무엇입니까?

2.

여전히 아무것도 아니고 비참할 뿐인 우리가 계속 살아야 하는 이유는 무엇입니까?

3.

우리가 걸어야 하는 길은 어떤 길입니까?

나누기

하나님이 우리가 생각하는 멋지고 유능한 삶을 허락하지 않으시는 이유가 무엇이라고 생각합니까?

09

세상과
구별된다

…5 바리새파 중에 어떤 믿는 사람들이 일어나 말하되 이방인에게 할례를 행하고 모세의 율법을 지키라 명하는 것이 마땅하다 하니라 6 사도와 장로들이 이 일을 의논하러 모여 7 많은 변론이 있은 후에 베드로가 일어나 말하되 형제들아 너희도 알거니와 하나님이 이방인들로 내 입에서 복음의 말씀을 들어 믿게 하시려고 오래 전부터 너희 가운데서 나를 택하시고 8 또 마음을 아시는 하나님이 우리에게와 같이 그들에게도 성령을 주어 증언하시고 9 믿음으로 그들의 마음을 깨끗이 하사 그들이나 우리나 차별하지 아니하셨느니라 10 그런데 지금 너희가 어찌하여 하나님을 시험하여 우리 조상과 우리도 능히 메지 못하던 멍에를 제자들의 목에 두려느냐 11 그러나 우리는 그들이 우리와 동일하게 주 예수의 은혜로 구원 받는 줄을 믿노라 하니라 …13 말을 마치매 야고보가 대답하여 이르되 형제들아 내 말을 들으라 … 19 그러므로 내 의견에는 이방인 중에서 하나님께로 돌아오는 자들을 괴롭게 하지 말고 20 다만 우상의 더러운 것과 음행과 목매어 죽인 것과 피를 멀리하라고 편지하는 것이 옳으니 21 이는 예로부터 각 성에서 모세를 전하는 자가 있어 안식일마다 회당에서 그 글을 읽음이라 하더라 (행 15:3-21)

조건인가 구별인가

바울과 바나바가 1차 전도 여행을 마치고 안디옥으로 돌아왔습니다. 그런데 어떤 유대인들이 안디옥에 와서 이방인 신자들도 할례를 비롯하여 모세의 율법을 지켜야 한다고 가르치기 시작했습니다. 이 일 때문에 안디옥 교회에 적지 않은 논란이 일었고, 안디옥 교회는 바울과 바나바를 예루살렘에 보내 사도들과 이 문제를 상의하게 합니다.

예루살렘 회의에서도 이 문제를 두고 많은 논쟁을 벌이는 중에 베드로가 나서서 발언합니다. 그는 이방인인 고넬료 집에 복음을 전한 이야기를 꺼내는데, 요지는 이렇습니다. '지금 여기서 논하는 조건이나 자격 없이도 성령이 임하셨다. 하나님이 이미 그들을 받으셨는데, 왜 우리가 조건을 만들어 유대인인 우리도 질 수 없었던 짐을 저들에게 지우려 하는가?'

이어서 바나바와 바울이 이방인을 전도할 때 하나님이 어떻게 일하셨는가를 보고합니다. 그런 후에 야고보가 일어나 앞서 있었던 논란에 대해 이런 해결책을 제안합니다. '이방이 하나님의 백성으로 부름받을 것을 아모스 선지자도 이미 예언했다. 하나님의 뜻이 그러하니 우리가 이 사람들에게 다른 짐을 지울 게 아니라 다만 이것만 요구하자.' 그래서 20절이 나옵니다.

> 다만 우상의 더러운 것과 음행과 목매어 죽인 것과 피를 멀리하라고 편지하는 것이 옳으니 (행 15:20)

이 제안은 종종 신약시대의 새로운 율법으로 오해되곤 했습니다. 이런 오해는 사도행전 15장에서의 논의가 무엇인지를 놓친 데서 비롯합니다.

지금 예루살렘 회의에서 분명히 하려는 것은, 예수로 말미암는 구원에는 어떠한 조건도 자격도 필요 없다는 사실입니다. 예수는 죄인을 구원하러 오셨습니다. 구원받을 자격이 없는 사람, 무지한 자와 반대하는 자 모두를 구원하러 오신 것입니다.

그런데도 사람들은 구원에 어떤 자격이나 조건을 달려고 합니다. 예루살렘 회의는 이런 움직임에 반대하는 입장이니, 여기서 야고보가 말하는 우상의 더러운 것, 음행, 목매어 죽인 것, 피를 멀리하는 것은 자격도 조건도 아님이 분명합니다. 그러면, 야고보가 나열한 네 가지는 무엇일까요? 야고보는 예수를 믿는 자와 그렇지 않은 자 사이의 구별을 말하고 싶은 것입니다. 예수를 믿는 자로서 갖는 정체성 말입니다. 야고보가 말한 이 구별을 이해하기 위해 로마서 14장을 봅시다.

> 믿음이 연약한 자를 너희가 받되 그의 의견을 비판하지 말라
> 어떤 사람은 모든 것을 먹을 만한 믿음이 있고 믿음이 연약한
> 자는 채소만 먹느니라 먹는 자는 먹지 않는 자를 업신여기지
> 말고 먹지 않는 자는 먹는 자를 비판하지 말라 이는 하나님이
> 그를 받으셨음이라 (롬 14:1-3)

권면의 내용은 '먹는 자는 먹지 않는 자를 업신여기지 말고, 먹지 않는 자는 먹는 자를 비판하지 말라'라는 것입니다. 고대 사회는 대부분 정교분리가 이뤄지지 않아 국가는 권력의 기반을 종교에 두었습니다. 그래서 국가가 섬기는 신을 사회 구성원 모두가 섬깁니다. 육류도 신에게 먼저 제물로 바쳐진 이후 시중에 나옵니다. 요즘처럼 순전히 식용을 위하여 도살된 고기가 정육점으로 가는 것이 아닙니다. 바벨론 포로 시절에 다니엘이 고기를 먹지 않겠다고 한 것도 우상숭배하지 않겠다는 의지의 표현인 것입니다.

다니엘의 시대에도 고기는 국가의 신들에게 제물로 드려진 후 나왔습니다. 그래서 다니엘과 세 친구가 왕의 음식을 거부했던 것입니다. 그런데 이제 신약시대쯤 오자, 다니엘의 시대보다는 신앙의 이해가 좀 더 진전되어 우상이란 원래 없는 것이라는 이해에 이르렀습니다. 우상은 사람이 상상한 것일 뿐 실제로는 존재하지 않는 것입니다. 실재하지 않는 신에게 바친 것이라면, 바친 것 자체가 무효이고, 그래서 고기를 먹어도 된다는 결론에

이르게 됩니다(고전 8:4-6). 바울은 시장에서 파는 고기는 묻지 말고 먹으라고 합니다. 하지만, 물어봤는데 제물이라는 대답을 들으면 제물임을 알게 한 자와 그 양심을 위하여 사 먹지 말라고 권면합니다(고전 10:25-28). 마치 눈 가리고 아웅 하는 것같이 느껴지는데, 그런 의미가 아닙니다.

고린도 교회에는 믿음이 연약한 자들 곧 우상을 섬기지 않고 하나님만 섬기기로 했으니 우상 제물은 먹지 않겠다고 하는 순박하고 분명한 신앙을 가진 사람들도 있었고, 한 걸음 더 나아가 우상이란 사람들이 스스로 속인 것에 불과하니 고기를 먹어도 된다고 했던 사람들도 있었습니다. 믿음은 자라는 것이라서 이렇게 실력 차이가 나는 것이 현실입니다.

이런 상황에서 사도 바울은 믿음이 연약한 자를 받아서 자기에게 주어진 자유를 다 쓰지 말라고 합니다. '너는 하나님에게 속한 자이니 네 자신이 네 주인이 아님을 기억하라'라는 충고입니다. 고린도전서 8장의 권면을 요약하면 이렇습니다. '믿음이 연약한 자를 받아라. 너한테는 아무렇지 않은 일이 믿음이 연약한 자에게는 오해가 되고 시험거리가 된다면 네가 절제하라.'

이와 같은 내용이 사도행전 15장에서 '우상의 더러운 것과 음행과 목매어 죽인 것과 피를 멀리하는 것'이라는 금지 항목으로 나타난 것입니다. 쉽게 이야기하면, 해 보고 싶다고 해서 다 하려고 하면 안 된다는 이야기입니다. 그렇게 함으로써 우리 인생이 자신의 욕심과 책임 아래 있지 않고 하나님의 통치에 붙들려 있음을 기억하여 구별된 삶을 살아 내라는 것이 본문의 요지입니다. 하지만 우리는 여기에서 늘 넘어집니다.

구별과 정죄

제가 어렸을 때 이 문제는 성수주일과 십일조로 나타났습니다. 성수주일과 십일조는 당시 문화와 신앙 수준에서 성도들이 표현할 수 있는 최고의 진심이었습니다. 그래서 주일에는 무엇을 사 먹지도 않고, 차도 타지 않고, 무슨 일이 있어도 돈을 쓰지 않는 것으로 신앙을 표현했습니다. 철저히 성수주일 해야 해서 집이 먼 사람들은 미리 교회에 와서 잤습니다. 토요일에 교회에서 자고 주일을 교회에서 지내고 주일 밤에 또 교회에서 자고 월요일 새벽 4시에 통행금지가 해제된 다음에야 버스 타고 집에 가곤 했습니다. 그때는 다른 방법이 없었습니다. 신앙에 대한 헌신과 예수 믿는 확인을 그렇게밖에는 할 수 없었던 것입니다.

그런데 이것이 법이나 강제가 되고 감당하기 어려운 짐이 되어 버렸습니다. 그것이 과연 신자다운 삶과 관련 있는 것인지 분별하기가 어려웠고 지금도 그렇습니다.

사도행전 15장이 말하는 구별됨은 '네 존재와 인생은 네 것이 아니다. 그러니 네 마음대로 할 수 없고 너 좋은 대로 할 수 없다. 너는 하나님의 뜻을 따라야 한다'라는 의미에서 요구하는 절제입니다. 그렇게 해서 신자의 정체성이 확인됩니다.

그런데 이것이 '예수를 믿으면 이래야 돼'라는 조건으로 오해되곤 했습니다. 구별됨이 오히려 타인을 정죄하는 근거로 쓰이게 되었습니다. "쟤 주일에 뭐 사먹었대요." 요즘도 주일학교에 가면 이런 말을 듣습니다. "선생님, 쟤 기도할 때 눈 떴대요." 기도할 때 눈 뜬다고 지옥 가는 것은 아닐 텐데 말입니다. 어른이라고 크게 다르지 않습니다.

　신앙을 지키고 양보하며 살다가도 예수 안 믿는 사람들과 말도 안 되는 싸움이 붙어 너무 억울해지면 이런 마음이 듭니다. '이런 예수도 안 믿는 것들이!' 예수 믿는 것으로 남을 정죄한다면, 기독교 신앙을 오해하는 것입니다.

열매 맺는 나무가 되어야

신앙의 중요한 가르침을 남을 정죄하는 용도로 쓰는 것이 문제임을 깨달았다고 해서 끝이 아닙니다. 또 다른 함정에 빠질 수 있습니다. 신앙의 가르침을 부정적으로 쓰는 사람들을 비판하다 보면, '예수 믿는 것으로 자랑하고 남 비난하는 꼴이 보기 싫어서 난 안 믿어!' 하는 모순에 빠질 수 있습니다. 교회 봉사 좀 한다고 교만 떠는 꼴이 보기 싫어서 봉사를 아예 안 하는 잘못에 이릅니다. 신앙생활 잘하자고 남에게 손가락질하며 지적하는 꼴이 보기 싫어 아예 신앙생활을 하지 않겠다는 것이 말이 될까요. 성경은 잘하느냐 못하느냐는 각자가 책임질 일이라고 합니다.

　남의 하인을 비판하는 너는 누구냐 그가 서 있는 것이나 넘어지는 것이 자기 주인에게 있으매 그가 세움을 받으리니 이는 그를 세우시는 권능이 주께 있음이라 어떤 사람은 이 날을 저 날보다 낫게 여기고 어떤 사람은 모든 날을 같게 여기나니 각각 자기 마음으로 확정할지니라 날을 중히 여기는 자도 주를 위하여 중히 여기고 먹는 자도 주를 위하여 먹으니 이는 하나님께 감사함이요 먹지 않는 자도 주를 위하여 먹지 아니하며 하나님께 감사하느니라 (롬 14:4-6)

남의 하인은 그 주인이 알아서 가르칠 일이니 이와 무관한 사람이 개입할 문제가 아니라고 합니다. 또한 이때도 안식일 논쟁이 있지 않았나 싶습니다. 성수주일 한다고 아무것도 안 사 먹고, 주를 위하여 절제하는 것도 귀한 일입니다. 또 주일은 기쁜 날이니 다른 날에 먹지 못한 음식을 주일에 함께 잘 나누어 먹자는 생각도 좋은 생각입니다. 다 주를 위하는 것이기 때문입니다.

우리 중에 누구든지 자기를 위하여 사는 자가 없고 자기를 위하여 죽는 자도 없도다 우리가 살아도 주를 위하여 살고 죽어도 주를 위하여 죽나니 그러므로 사나 죽으나 우리가 주의 것이로다 이를 위하여 그리스도께서 죽었다가 다시 살아나셨으니 곧 죽은 자와 산 자의 주가 되려 하심이라 네가 어찌하여 네 형제를 비판하느냐 어찌하여 네 형제를 업신여기느냐 우리가 다 하나님의 심판대 앞에 서리라 기록되었으되 주께서 이르시되 내가 살았노니 모든 무릎이 내게 꿇을 것이요 모든 혀가 하나님께 자백하리라 하였느니라 이러므로 우리 각 사람이 자기 일을 하나님께 직고하리라 (롬 14:7-12)

'우리는 살아도 주를 위하여 살고 죽어도 주를 위하여 죽는다. 우리는 주의 것이기 때문이다.' 이 고백이 있으면 자신을 다른 사람과 비교하거나 누구를 정죄하여 자신의 정당함을 확인하려 들지 않을 것입니다. 신앙은 자기의 진심을 가지고 실천하며 믿음을 지켜 내는 것입니다. 다른 사람과의 경쟁이나 비교로는 얻을 수 없습니다.

신앙생활을 스스로 해 나가십시오. 내가 이해하지 못하는 식으로 신앙생활 하는 사람을 보더라도 그냥 놔두십시오. '우리 중에 아무도 자기를 위하여 사는 자가 없고 자기를 위하여 죽는 자도 없도다. 아멘' 하고 다 받으시고, 자기 길을 걸으십시오. 내가 지나온 길을 누가 지나가고 있거든 그 사람을 위하여 더 많이 절제하십시오. 그리하면 우리가 애써 온 절제가 자랑임을 알게 될 것입니다. 누구를 비난하고 정죄하고 경멸하는 것은 자랑이 아닙니다. 자기가 할 수 있는 일을 하며, 또한 자유롭게 해도 되는 일을 타인을 위해 절제하는 것이 자랑이자 특권입니다. 그래야 비로소 예수가 죄인을 위하여 십자가를 지셨다는 의미를 깨닫게 됩니다. 우리 모두 그 길로 부름받은 인생임을 알 때, 남을 부러워하지 않고 만족하며 신앙생활을 하게 됩니다.

질문하기

1.

'우상의 더러운 것과 음행과 목매어 죽인 것과 피를 멀리하는 것'은 자격과 조건이 아닌 무엇으로 제시된 것입니까?

2.

예루살렘 회의에서 나온 가르침은 어떻게 요약할 수 있습니까?

3.

신앙 안에서 자랑으로 내세울 수 있는 내용은 무엇입니까?

나누기

다른 교우들을 위해 자신의 권리와 주장을 내세우지 않았던 경험이 있다면 함께 나누어 봅시다.

10

친구로
부르신다

36 며칠 후에 바울이 바나바더러 말하되 우리가 주의 말씀을 전한 각 성으로 다시 가서 형제들이 어떠한가 방문하자 하고 **37** 바나바는 마가라 하는 요한도 데리고 가고자 하나 **38** 바울은 밤빌리아에서 자기들을 떠나 함께 일하러 가지 아니한 자를 데리고 가는 것이 옳지 않다 하여 **39** 서로 심히 다투어 피차 갈라서니 바나바는 마가를 데리고 배 타고 구브로로 가고 **40** 바울은 실라를 택한 후에 형제들에게 주의 은혜에 부탁함을 받고 떠나 **41** 수리아와 길리기아로 다니며 교회들을 견고하게 하니라 **16:1** 바울이 더베와 루스드라에도 이르매 거기 디모데라 하는 제자가 있으니 그 어머니는 믿는 유대 여자요 아버지는 헬라인이라 **2** 디모데는 루스드라와 이고니온에 있는 형제들에게 칭찬 받는 자니 **3** 바울이 그를 데리고 떠나고자 할새 그 지역에 있는 유대인으로 말미암아 그를 데려다가 할례를 행하니 이는 그 사람들이 그의 아버지는 헬라인인 줄 다 앎이러라 **4** 여러 성으로 다녀 갈 때에 예루살렘에 있는 사도와 장로들이 작정한 규례를 그들에게 주어 지키게 하니 **5** 이에 여러 교회가 믿음이 더 굳건해지고 수가 날마다 늘어가니라 … (행 15:36-16:10)

바울과 디모데

바울은 바나바와 함께 첫 번째 전도 여행을 하면서 세웠던 교회들을 다시 찾아가기로 합니다. 그런데 마가라 하는 요한을 데려가는 문제로 둘 사이에 다툼이 일어납니다. 마가는 1차 전도 여행 때 함께 출발했다가 중도에 떠나 버린 사람입니다. 바울은 그런 사람과는 같이 갈 수 없다고 하지만, 바나바는 그래도 마가를 데려가자고 합니다. 이 사건 말고도 기록할 만한 일들이 많았을 텐데, 이 일로 바울과 바나바가 심히 다투어 갈라선 사건을 기록한 것을 보면, 이 일의 중요성을 짐작할 수 있습니다.

우리는 옳고 멋진 일을 하면 늘 모두가 한마음 한뜻이 될 거라고 생각합니다. 그렇지 않습니다. 바울과 바나바 두 사람 모두 하나님의 훌륭한 종들입니다. 그런데도 둘은 심하게 다투고 갈라섭니다. 옳은 일을 하자고 함께 열심을 냈는데 갈라서고 말았습니다. 사도행전은 초대교회가 세상에 복음을 전파하여 하나님 나라를 넓혀 가는 일을 그리고 있는데, 그때 일어난 이런 일들을 대할 때 바른 안목과 이해가 필요합니다.

바울은 바나바와 갈라선 후 루스드라에 이릅니다. 여기서 디모데를 만나 제자로 삼는데, 디모데의 어머니는 유대인이고 아버지는 헬라인입니다. 그러니 디모데는 혼혈입니다. 유대인들에게 있어서, 유대인이 비유대인과 혼인하는 것은 간단치 않은 문제였습니다. 그런데 바울이 이런 디모데를 제자이자 후계자로 삼습니다.

신약시대에 이르자 복음은 유대인만을 선민으로 여기던 구약시대의 이해를 넘어서 땅끝까지 만민에게 전파됩니다. 당시 정치권력은 로마에 있었으나, 사람들의 정신세계를 지배한 것은 헬레니즘이었습니다. 그 시기 세계를 주도하던 사상이 헬레니즘이었기 때문입니다. 유대에서 시작된 복음은 헬레니즘 문화 속에 살고 있는 세계 모든 사람에게까지 전파되어야 했습니다.

이런 정황에서 디모데는 가장 적합한 존재였다고 할 수 있습니다. 그는 유대인 어머니와 헬라인 아버지를 둔, 두 문명과 사상을 이어 주는 다리로 서 있었기 때문입니다. 과연 이런 조건이 하나님의 일을 할 수 있을 거라고 생각이나 할 수 있었을까요. 우리는 하나님의 일을 하는 데, 성령 충만, 헌신, 도덕성, 유능함이 필요할 거라고 생각합니다. 하지만 성경은 디모데를 소개하며 혼혈인 그의 혈통이 하나님의 일을 하는 데 요긴하게 쓰였다는 점을 말하고 싶어 디모데의 부모에 대해서까지 언급한 듯합니다. 성경은 바울의 후계자로 디모데를 소개하면서 그가 혼혈이라는 사실을 굳이 밝히기 때문입니다.

바울의 자기 이해

디모데후서 1장에 바울이 디모데를 격려하는 내용이 나오는데, 여기서 우리는 디모데가 어떤 사람이었는지 짐작해 볼 수 있습니다.

> 내가 밤낮 간구하는 가운데 쉬지 않고 너를 생각하여 청결한 양심으로 조상적부터 섬겨 오는 하나님께 감사하고 네 눈물을 생각하여 너 보기를 원함은 내 기쁨이 가득하게 하려 함이니 이는 네 속에 거짓이 없는 믿음이 있음을 생각함이라 이 믿음은 먼저 네 외조모 로이스와 네 어머니 유니게 속에 있더니 네 속에도 있는 줄을 확신하노라 그러므로 내가 나의 안수함으로 네 속에 있는 하나님의 은사를 다시 불일듯 하게 하기 위하여 너로 생각하게 하노니 하나님이 우리에게 주신 것은 두려워하는 마음이 아니요 오직 능력과 사랑과 절제하는 마음이니 그러므로 너는 내가 우리 주를 증언함과 또는 주를 위하여 갇힌 자 된 나를 부끄러워하지 말고 오직 하나님의 능력을 따라 복음과 함께 고난을 받으라 (딤후 1:3-8)

바울은 디모데에게 '두려워하지 마라, 내가 널 안수해서 성령의 역사가 네 마음에 다시 불일 듯 일어나길 원한다'라는 말을 합니다. 이런 권면을 보면, 아마도 디모데는 좀 침체되어 있었던 것 같습니다. 두려워하지 말라고 하고, 부끄러워하지 말라고도 한 것을 보면 더욱 그렇습니다. 아마 사도 바울이 갇혀 있어서 위축되었을지 모릅니다. 스승도 감당 못하는 상황을 제자가 어떻게 감당하겠습니까? 이런 내용으로 미루어 보면 디모데는 우리가 기대하는 사역자의 조건을 갖춘 것 같지는 않습니다. 그는 담대함, 열정, 유능 같은 조건과는 멀어 보입니다. 그런데 고린도전서 2장에 가면 사도 바울은 이 문제에 대하여 우리 생각과는 다른 견해를 제시합니다.

> 형제들아 내가 너희에게 나아가 하나님의 증거를 전할 때에 말과 지혜의 아름다운 것으로 아니하였나니 내가 너희 중에서 예수 그리스도와 그가 십자가에 못 박히신 것 외에는 아무 것도 알지 아니하기로 작정하였음이라 내가 너희 가운데 거할 때에 약하고 두려워하고 심히 떨었노라 내 말과 내 전도함이 설득력 있는 지혜의 말로 하지 아니하고 다만 성령의 나타나심과 능력으로 하여 너희 믿음이 사람의 지혜에 있지 아니하고 다만 하나님의 능력에 있게 하려 하였노라 (고전 2:1-5)

바울은 하나님의 일을 하는 데 사람의 능력이 필요하지 않다고 합니다. 하나님이 하시지, 우리가 하는 것이 아니라는 이야기입니다. 설령 바울 자신에게 어떤 능력이 있었더라도 그것이 하나님이 일하시는 데에 꼭 필요한 조건은 아니었다고 합니다.

그런데도 우리는, 사도 바울이나 디모데 같은 사람들을 볼 때 어떤 자격이나 조건을 갖추었기에 하나님이 그들을 통해 일하실까 궁금해 합니다. 평범한 신자인 우리는 비전도 없고 위대할 엄두조차 내지 못합니다. 벗어날 수 없는 현실에 묶여서 성경을 읽을 때마다 바울 보고 놀라고, 디모데 보고 부러워합니다. 그렇게 끝날 뿐 더 나아가지 못합니다.

바울과 디모데는 무엇 때문에 존재합니까? 예수로 말미암은 복음, 예수로 말미암은 구원을 증거하기 위해서 존재합니다. 예수께서 그러하신 것처럼, 그들은 우리와 같은 형편 속에 말씀으로 서 있습니다. 그렇게 그들과 같은 자리에 서 있는 것이 복음을 전하는 자의 가장 중요한 조건입니다. 하나님은 복음을 듣는 자와 동일한 형편, 동일한 자격, 동일한 능력 속에 있는 자를 통해 복음을 전하신다고 증언합니다.

바울에 대해 생각해 봅시다. 바울이 사도가 될 수 있었던 조건을 굳이 꼽자면, 그가 스데반을 죽였다는 것입니다. 그렇게 하지 않았다면 그에게는 자격이 없습니다. 그 일이 있었기에 바울은 "네가 뭔데 느닷없이 나타나서 예수를 믿으라고 그러느냐?"라고 묻는 사람들 앞에 "그게 뭔지 나도 옛날에는 몰랐다"라고 말할 수 있게 되었습니다. 묻는 자들과 다를 바 없는 바울의 실력입니다. "너는 왜 그렇게 열심히 전하느냐?"라고 물으면 "나도 옛날에는 몰랐다. 나는 그저 믿는 사람들을 잡아 가두는 자였는데, 어느 날 주께서 나를 뒤집어 놓으셨다"라고 대답했을 것입니다. "그렇게 믿는 사람들을 괴롭히고 죽였는데도 네게 자격이 있다는 말이냐?"와 같은 비난을 들으면, 바울은 아마 할 말이 없었을 것입니다. 듣는 자들보다 결코 나은 자가 아니기 때문입니다.

이렇게 바울은 복음이 필요한 자들과 같은 형편에서 시작합니다. 이것은 구약시대부터 계속되어 온 하나님의 일을 하는 자들의 자격 조건입니다. 제사장도, 선지자도 마찬가지였습니다. 그들은 하나님과 인간 사이의 중재자로 일하면서, 인간을 편듭니다. 동일한 조건과 동일한 수준에 있는 사람 중 하나를 뽑아 모두를 대변하게 한 것입니다.

자신 있게 틀려라

예수가 성육신하여 우리 곁에 오셔서 우리와 하나가 되신 것같이, 우리도 누군가의 이웃으로 같이 살아갑니다. 그렇게 예수님의 성육신을 본받는 삶을 살게 됩니다. 이런 삶에는 위대해져야한다, 성공해야 한다, 와 같은 조건이 없습니다. 예수가 이 땅에 오셔서 하신 일들이 마음에 들지 않는 내 인생 속에서도 이루어진다는 사실을 믿고 이 삶을 지켜 낼 뿐입니다.

우리가 신자로 서 있는 조건은 어떠합니까? 바나바와 바울이 싸운 정황이 바로 우리의 조건입니다. 바울이 스데반을 죽인 것이 우리의 조건입니다. 예수 믿는 사람답게 살지 못하는 것, 훌륭하지 못하고, 변변히 자랑할 것도, 내세울 만한 업적조차 없는 것, 이 모든 것이 조건입니다.

예수를 믿는 것은 성공이나 능력 같은 것으로 나타나지 않습니다. 군대 가서 똑같이 구르다가 주일에 교회 갈 사람 나오라니까 옆에 서 있던 동기가 나갑니다. "네가 예수를 믿는다고?"

"응.""그런데 그렇게 악질로 살았냐?""야, 우리 그 얘긴 하지 말자." 이런 것입니다. "재, 웃긴다. 재가 믿는 하나님은 도대체 뭐냐?" 그렇게 궁금해서 교회까지 따라 나오더랍니다.

자신의 인생과 존재를 성경이 설명하는 대로 이해하지 못하면, 우리는 늘 누군가를 부러워하고 원망하고, 자신에 대해서는 창피하여 화만 내다가 세월을 허송할 것입니다. 우리의 삶은 그렇게 헛되이 보내라고 주어지지 않았습니다. 우리의 한계와 못남과 실패와 무지와 게으름과 편견 속에서 하나님이 일하신다는 사실을 기억하여 틀릴 때도 자신 있게 틀리십시오. 그렇다고 일부러 틀리지는 마십시오. 그러나 틀리게 되면 당당히 틀리십시오. 그렇게 용감하십시오. 아침에는 '하나님, 어제는 할 수 없었습니다. 그러나 오늘은 다르게 할 작정입니다'라고 기도했다가 밤이 되면, '하나님, 오늘도 또 잊고 말았습니다. 그러나 내일 다시 시작하겠습니다'라고 기도할지라도 말입니다. 그렇게 살아가십시오. 하나님이 일하고 계심을 알게 됩니다. 그렇게 우리는 훌륭해집니다. 우리가 모르는 데서 열매가 맺힙니다.

질문하기

1.

복음은 세상 모든 사람에게 전파되어야 했습니다. 이 일을 위해 택함받은 디모데는 어떤 조건을 가진 사람입니까?

2.

복음을 전하는 자의 가장 중요한 조건은 무엇입니까?

3.

어떤 현실이 우리가 신자로 서 있는 조건입니까?

나누기

좋은 조건이 아닌데도 그것으로 하나님의 일하심을 경험한 적이 있다면 나누어 봅시다.

자유를
사용하지 않다

… **24** 그가 이러한 명령을 받아 그들을 깊은 옥에 가두고 그 발을 차꼬에 든든히 채웠더니 **25** 한밤중에 바울과 실라가 기도하고 하나님을 찬송하매 죄수들이 듣더라 **26** 이에 갑자기 큰 지진이 나서 옥터가 움직이고 문이 곧 다 열리며 모든 사람의 매인 것이 다 벗어진지라 **27** 간수가 자다가 깨어 옥문들이 열린 것을 보고 죄수들이 도망한 줄 생각하고 칼을 빼어 자결하려 하거늘 **28** 바울이 크게 소리 질러 이르되 네 몸을 상하지 말라 우리가 다 여기 있노라 하니 **29** 간수가 등불을 달라고 하며 뛰어 들어가 무서워 떨며 바울과 실라 앞에 엎드리고 **30** 그들을 데리고 나가 이르되 선생들이여 내가 어떻게 하여야 구원을 받으리이까 하거늘 **31** 이르되 주 예수를 믿으라 그리하면 너와 네 집이 구원을 받으리라 하고 … **34** 그들을 데리고 자기 집에 올라가서 음식을 차려 주고 그와 온 집안이 하나님을 믿으므로 크게 기뻐하니라 **35** 날이 새매 상관들이 부하를 보내어 이 사람들을 놓으라 하니 **36** 간수가 그 말대로 바울에게 말하되 상관들이 사람을 보내어 너희를 놓으라 하였으니 이제는 나가서 평안히 가라 하거늘 … (행 16:19–40)

죄에 매인 인생

빌립보에서 바울과 실라는 복음을 전하여 루디아를 회심하게
합니다. 또 길 가다가 귀신 들린 여종에게서 귀신을 내쫓습니다.
그들은 이렇게 자유를 주는 자로 서 있습니다. 그런데 이 일로
옥에 갇히게 됩니다.

바울과 실라가 한밤중에 옥에서 기도하고 찬송하는데, 갑자기
큰 지진이 나서 옥터가 움직이고 그들을 매고 있던 족쇄들이 다
풀립니다. 그렇게 다시 자유가 허락됩니다. 그런데 바울과 실라
는 그 자유를 택하지 않습니다. 도망갈 수도 있었지만 자기 자리
를 지킵니다. 그러자 바울과 실라를 지키던 간수가 오히려 어떻
게 해야 구원을 받을 수 있냐고 묻는 일이 일어납니다.

간수의 물음에 담긴 의미는 이것입니다. '너희는 어떻게 도망
가지 않을 수가 있느냐? 나는 세상 속에 묶여 쩔쩔매며 살고 있

는데, 너희는 무엇 때문에 그렇게 늠름하냐?' 오늘날 표현으로 이야기하면, '너희가 가진 자유는 내가 가진 자유보다 훨씬 큰 것 같다. 무엇이 너희로 이 모든 고난을 감수하게 하며, 이해관계라는 세상 질서를 넘어서서 자유하게 하느냐'라는 의미입니다. 이에 대해 사도들이 무엇이라고 답했을지에 대해서는 예수님의 말씀을 통해 짐작해 볼 수 있습니다.

> 그러므로 예수께서 자기를 믿은 유대인들에게 이르시되 너희가 내 말에 거하면 참으로 내 제자가 되고 진리를 알지니 진리가 너희를 자유롭게 하리라 그들이 대답하되 우리가 아브라함의 자손이라 남의 종이 된 적이 없거늘 어찌하여 우리가 자유롭게 되리라 하느냐 예수께서 대답하시되 진실로 진실로 너희에게 이르노니 죄를 범하는 자마다 죄의 종이라 종은 영원히 집에 거하지 못하되 아들은 영원히 거하나니 그러므로 아들이 너희를 자유롭게 하면 너희가 참으로 자유로우리라 (요 8:31-36)

죄를 범하는 자마다 죄의 종이라고 합니다. 우리는 자신의 선택에 따라 자유롭게 죄를 선택한 것이 아니라, 죄에 묶여 있어서 죄를 짓는다는 말입니다. 그래서 죄를 짓지 않으려면 도덕성이나 분별력, 또는 의지를 갖추는 것으로는 되지 않습니다. 먼저 자유로워져야 합니다. 죄를 짓는 것은, 자신의 선택이 개입할 여지없이 죄에 묶여 있어서 생기는 일이기 때문입니다. 그래서 죄의 종 된 신분에서 벗어나려면 먼저 예수와 묶여 하나님의 자녀가 되어야 합니다. 이것이 자유이고 구원입니다.

우리는 예수를 믿을 것인지 아니면 죄를 지을 것인지를 자유롭게 선택했다고 오해합니다. 예수를 믿는 것은 우리의 선택에서 비롯한 것이 아닙니다. 하나님의 찾아오심, 하나님의 붙드심에 사로잡혀 믿게 된 것입니다. 하나님이 주시는 은혜만이 우리를 참다운 인간으로 만듭니다.

살면서 확인하다시피, 죄는 우리를 부패시킵니다. 죄가 우리를 붙들어 죄를 짓게 하고 우리를 망하게 합니다. 그러나 예수 그리스도 안에서 하나님의 자녀가 되면 그 모든 속박에서 벗어납니다.

'착하게 살자. 말씀대로 살자'와 같은 이야기는 권고나 격려의 차원에서 얼마든지 할 수 있고 또 해야 합니다. 하지만 이 말을, 우리에게는 선택권이 있고 의지와 능력이 있기에 우리에게 방향을 안내해 주고 그 실제적인 내용을 가르쳐 주면 우리가 무엇이든지 해낼 수 있다는 식으로 오해해서는 안 됩니다. 이 내용이 갈라디아서에 나옵니다.

열매로 판별하다

내가 이르노니 너희는 성령을 따라 행하라 그리하면 육체의 욕심을 이루지 아니하리라 육체의 소욕은 성령을 거스르고 성령은 육체를 거스르나니 이 둘이 서로 대적함으로 너희가 원하는 것을 하지 못하게 하려 함이니라 너희가 만일 성령의 인도하시는 바가 되면 율법 아래에 있지 아니하리라 육체의 일은 분명하니 곧 음행과 더러운 것과 호색과 우상 숭배와 주술과 원수 맺는 것과 분쟁과 시기와 분냄과 당 짓는 것과 분열함과 이단과 투기와 술 취함과 방탕함과 또 그와 같은 것들이라 (갈 5:16-21 상)

대의나 도리를 내세워 '선을 행해야 한다. 봉사를 해야 한다'라는 식으로 멋진 말을 한다고 해서, 도덕성이나 명분을 내세운다고 해서 선은 아니라고 합니다. 무슨 열매가 열리는지 보아야 정말 선을 행하는지 아니면 악을 행하는지 분간할 수 있다고 합니다. 이로써 신앙생활을 제대로 하는지를 판별할 수 있습니다. 명분과 대의를 내세운다고 옳은 것이 아닙니다. 그 일로 어떤 열매, 어떤 결과가 생기는지를 보라는 것입니다.

세상에서 흔히 보는 모습은 이런 것입니다. 정치판에서도 마찬가지인데, 서로 옳은 이야기를 합니다. 그렇게 각자 옳은 이야기를 하지만, 용서나 관용 같은 멋진 덕목은 없고 살벌하게 서로를 음해할 뿐입니다. 웃는 것은 사진 찍을 때뿐입니다. 주위에서 늘 보는 모습입니다. 우리가 그렇게 살고 있다는 말입니다. 좋은 일을 하자고 모여도 결과적으로 싸움밖에 하지 않습니다. 목청을 높여 네가 옳으냐 내가 옳으냐 목숨을 걸고 싸워 결국 누구 하나가 제거되어야 끝납니다. 이런 것이 육체의 일입니다. 죄 아래에 있는 자들이 피할 수 없는 일입니다.

명절이 되어 오랜만에 가족들이 다 모이면, 꼭 싸우고 헤어집니다. 무슨 싸움을 합니까? 짐 떠넘기기 싸움 아닙니까? '네가 더 내라.' '형님이 더 내세요.' '너는 애가 없잖니?' 이런 것으로 계속 싸우다가 부모가 '그 꼴 못 보겠다. 다 나가라'라고 하면 '우리가 왜 나가요?'라고 대들어 부모가 나가더랍니다.

자유를 주러 오신 예수

사람은 옳고 합당하다고 해서 합의를 하지 않습니다. 인간이라는 존재의 신비이기도 합니다. 우리에게는 '싫어'가 있습니다. '싫어'는 논리적 결론이 아닙니다. 도덕과 상식과 교양을 벗어나는 일이 인간에게 있습니다. 그래서 신앙은 그저 설득이나 이해가 아닙니다. 우리는 그것보다 더 큰 방식으로 붙잡혀 있습니다.

'좋아요, 주님. 제가 기꺼이 할게요.' 이렇게 말하는 것은 믿음과 관련된 일입니다. 비합리적인 것이 아니라, 합리성 너머에 있는 일입니다. 훨씬 더 끈끈하고, 말로 표현할 수 없는 견고한 묶임입니다. 그래서 갈라디아서는 이렇게 이어집니다.

오직 성령의 열매는 사랑과 희락과 화평과 오래 참음과 자비와 양선과 충성과 온유와 절제니 (갈 5:22-23 상)

이런 열매는 대의와 명분이 있는 곳에만 생기는 것이 아닙니다. 어떤 자리에서도 맺힐 수 있습니다. 반복되는 일상, 별것 아닌 실존에서 할 수 있는 일들입니다. 신자가 어느 자리에 있든 거기에는 바로 이런 일이 있어야 합니다. 명절에 모여 서로 재미있자고 윷놀이도 하고 고스톱도 하는데, 그만 맘 상하고 다투는 것이 우리의 모습입니다. 우리가 있는 어디에나 싸움이 있습니다. 이런 우리와 다르게 예수님은 복음을 어떻게 선포하셨는지 대조해 봅시다.

> 예수께서 그 자라나신 곳 나사렛에 이르사 안식일에 늘 하시던 대로 회당에 들어가사 성경을 읽으려고 서시매 선지자 이사야의 글을 드리거늘 책을 펴서 이렇게 기록된 데를 찾으시니 곧 주의 성령이 내게 임하셨으니 이는 가난한 자에게 복음을 전하게 하시려고 내게 기름을 부으시고 나를 보내사 포로 된 자에게 자유를, 눈 먼 자에게 다시 보게 함을 전파하며 눌린 자를 자유롭게 하고 주의 은혜의 해를 전파하게 하려 하심이라 하였더라 (눅 4:16-19)

예수는 자유를 주러 오셨습니다. 이 자유를 로마서에서는 '하나님의 자녀들의 영광의 자유'(롬 8:21)라고 설명했습니다. 이 자유가 없으면, 죄의 종입니다. 인간은 이 둘 중 한 부류에 속할 수밖에 없습니다. 예수를 믿는다는 것은 당연히 죄로부터 벗어나는 것입니다. 죄로부터의 구원, 썩어짐의 종노릇하는 데서 영광의 자리로 가는 것입니다.

우리는 종종 복음을 선택이나 보상으로 생각합니다. 그래서 성령의 열매를 맺지 못하고 열심만 냅니다. 갈라디아서 5장에 나온 대로 이야기하면, 옳은 말은 하는데 삶으로는 누리지 못합니다. 신자의 삶에는 다만 희생, 헌신, 증언만 있지 않습니다. 복음 안에서 사는 영광이 있습니다. 그것이 바로 본문 말씀에 나오는 바울과 실라의 모습입니다. 그들은 억울한 상황에 처합니다.

자유를 베풀러 왔고 하나님의 은혜를 전하러 왔는데, 오히려 오해받고 고난을 당합니다.

그런데도 바울과 실라는 오해와 고난을 기꺼이 받습니다. 옥문이 열려 있어 나갈 수 있었지만 나가지 않습니다. 신기한 일입니다. 영광의 자유라는 것은 우리 생각처럼 만만하지 않습니다. 바울과 실라는 도망가지 않을 만큼 실력이 있었습니다. 그들이 처한 일과 같은 일들이 우리 일상 속에 늘 있습니다. 영광의 자유로 가는 길이 매일같이 우리에게 도전과 기회가 됩니다.

질문하기

1.

죄를 짓는 이유는 무엇입니까?

2.

우리가 신앙생활을 제대로 하고 있는지를 무엇으로 판별합니까?

3.

바울과 실라가 누렸던 영광의 자유는 어떤 것입니까?

나누기

복음 안에서 사는 영광을 실력 있게 누리고 싶은 삶의 자리가 어디인지 나누어 봅시다.

질문과 답

01 우리의 약함도 감싸신다

1. 복음은 무엇입니까?

하나님의 일하심입니다. (10쪽)

2. 바울이 고린도 교회에 복음을 전할 때에 무엇 때문에 두려워하고 떨었습니까?

복음에 드러난 심오한 하나님의 역사가 자신 때문에 저급하게 왜곡되어 전달되거나, 복음이 단지 하나의 말에 불과한 정도로 이해될까 봐 염려했습니다. (12쪽)

3. 사울의 말을 아무도 믿어 주지 않고 오히려 그를 죽이려 들어 그는 다소로 피신합니다. '그리하여' 어떤 일이 일어났습니까?

온 유대와 갈릴리와 사마리아 교회가 평안하여 든든히 서 가고 주를 경외함과 성령의 위로로 진행하여 수가 더 많아졌습니다. (16쪽)

02 사랑받는 자녀로 삼으신다

1. 기독교 신앙을 하나의 선(線)으로만 생각하면 어떤 오류에 빠지게 됩니까?

그 선이 들어가 있는 더 큰 영역을 세상이라고 이해하는 오류에 빠지게 됩니다. 이 모든 틀 전체가 하나님의 영역이라고 생각하지 못합니다. (23쪽)

2. 베드로는 복음을 설명할 때, 하나님, 세상, 구원, 영생을 무엇으로 설명합니까?

예수 그리스도로 설명합니다. (25쪽)

3. 하나님은 우리를 어떤 존재로 여기십니까?

구원의 대상, 사랑의 대상, 하나님과 믿음의 교제를 나누는 존귀한 인격체로 여기십니다. (27, 28쪽)

03 하나님은 넉넉하시다

1. 베드로가 고넬료에게 세례를 준 사건의 핵심은 무엇입니까?

하나님이 이방인들을 받으셨으니 유대인들도 그들을 하나님의 백성으로 인정하고 받아들임이 당연하다는 것입니다. (34쪽)

2. 교회의 정체성은 무엇입니까?

'나는 예수를 믿는다. 이 예수는 죄인을 위해 죽으셨다. 이 대속으로 말미암아 나는 하나님의 백성이 되었다. 예수를 믿으면

누구나 교회의 일원이 될 수 있다'라는 고백에 담긴 '열려 있음'
이 교회의 정체성입니다. (36쪽)

3. 교회의 사명은 무엇을 하는 데에 있습니까?

자기 마음에 들지 않는 사람을 참아 주며 함께 앉아 있는 일에
있습니다. (38쪽)

04 어떤 조건과 환경도 감수한다

1. 초대교회는 복음을 증거하는 일과 관련하여 로마제국을 어
떻게 이해했습니까?

무대장치로 여겼습니다. (43쪽)

2. 이번 장에서는 세상이 추구하는 것과 우리가 가진 것을 대조
하고 있습니다. 이 둘은 어떻게 대조됩니까?

세상은 권력이나 재물과 같이 가질수록 갈증이 나는 것을 추구
하지만, 우리는 얼마든지 빼앗겨도 사라지지 않는 것을 가지고
있습니다. (47쪽)

3. 우리에게 있는 것으로, 얼마든지 빼앗겨도 사라지지 않고 오히려 더 풍성해질 가치는 무엇입니까?

예수 안에 있는 하나님의 통치입니다. (47쪽)

05 세상의 것으로는 증명하지 못한다

1. 주께서 아나니아를 바울에게 보내면서 바울이 어떤 사역을 행할 것이라고 알려 주십니까?

주의 이름을 위하여 고난 당하는 사역입니다. (53쪽)

2. '하나님이 우리를 죽이기로 작정한 자 같이 끄트머리에 두셨다'라는 말은 무슨 의미입니까?

끌려온 전쟁 포로처럼 사람들의 구경거리가 된다는 뜻입니다. (55, 56쪽)

3. 사도 바울은 왜 사탄의 가시를 빼 달라고 세 번이나 기도했습니까?

자신의 형통을 위해서가 아니라 그 가시가 복음에 장애가 된다고 생각했기 때문입니다. (58쪽)

06 예수 안에서만 보인다

1. 이스라엘 백성들은 다윗의 언약을 어떻게 오해했습니까?

보이는 지상 국가의 완성으로 성취된다고 오해했습니다. (62, 63쪽)

2. 바울이 설교한 하나님 나라는 어떤 나라입니까?

죄를 극복한 나라, 하나님과의 관계가 회복되는 나라입니다. (65쪽)

3. 신앙을 가진다는 것은 무엇보다 더 큽니까?

옳고 그름의 판단, 응답을 받고 못 받고의 싸움보다 더 큽니다. (67쪽)

07 하나님과 관계가 회복되다

1. 인간이 스스로 신을 만들고 자기가 만든 우상에게 절을 하는 이유가 무엇입니까?

자기가 세운 목적과 소원을 제 힘으로는 이룰 수 없어서 자기보다 능력 있는 존재에게 요청하기 위해서입니다. (73쪽)

2. 기적을 통해 결국 말하려는 것은 무엇입니까?

하나님에게로 돌아오라는 것입니다. (75쪽)

3. 하나님의 그 지극한 사랑의 실제 증거는 무엇입니까?

예수입니다. (76쪽)

08 예수로 충분하다

1. 신자에게 중대한 시험이 되는 신앙생활의 첫 번째 도전은 무엇입니까?

예수를 믿고 살며 하나님이 요구하시는 대로 순종했는데도, 세상은 우리를 알아주지 않고 오히려 적대적인 현실입니다. (84쪽)

2. 여전히 아무것도 아니고 비참할 뿐인 우리가 계속 살아야 하는 이유는 무엇입니까?

이런 모습을 가지고서도 하나님이 무엇인가를 하시기 때문입니다. (86쪽)

3. 우리가 걸어야 하는 길은 어떤 길입니까?

오해받고 억울해 하면서, 적대와 핍박 속을 걸으면서, 만족스러운 조건을 허락받지 못하면서, 하나님의 일하심에 자신을 맡기는 길입니다. (87쪽)

09 세상과 구별된다

1. '우상의 더러운 것과 음행과 목매어 죽인 것과 피를 멀리하는 것'은 자격과 조건이 아닌 무엇으로 제시된 것입니까?

예수를 믿는 자와 그렇지 않은 자 사이의 구별로서 제시된 것입니다. (93쪽)

2. 예루살렘 회의에서 나온 가르침은 어떻게 요약할 수 있습니까?

우리 인생이 자신의 욕심과 책임 아래 있지 않고 하나님의 통치에 붙들려 있음을 기억하여 구별된 삶을 살아 내라고 합니다. (95, 96쪽)

3. 신앙 안에서 자랑으로 내세울 수 있는 내용은 무엇입니까?

누구를 비난하고 정죄하고 경멸하는 것이 아니라, 자기가 할 수 있는 일을 하며 또한 자유롭게 해도 되는 일을 타인을 위해 절제하는 것입니다. (99쪽)

10 친구로 부르신다

1. 복음은 세상 모든 사람에게 전파되어야 했습니다. 이 일을 위해 택함받은 디모데는 어떤 조건을 가진 사람입니까?

유대인 어머니와 헬라인 아버지를 둔, 두 문명과 문화와 사상을 이어 주는 다리로 서 있는 사람입니다. (105쪽)

2. 복음을 전하는 자의 가장 중요한 조건은 무엇입니까?

복음을 듣는 자와 같은 자리에 서 있는 것입니다. (108쪽)

3. 어떤 현실이 우리가 신자로 서 있는 조건입니까?

예수 믿는 사람답게 살지 못하는 것, 훌륭하지 못하고, 변변히 자랑할 것도, 내세울 만한 업적조차 없는 현실입니다. (109쪽)

11 자유를 사용하지 않다

1. 죄를 짓는 이유는 무엇입니까?

자신의 선택이 개입할 여지없이 죄에 묶여 있기 때문입니다. (115쪽)

2. 우리가 신앙생활을 제대로 하고 있는지를 무엇으로 판별합니까?

우리가 하는 일로 어떤 열매, 어떤 결과가 생기는지 보고 판별합니다. (117쪽)

3. 바울과 실라가 누렸던 영광의 자유는 어떤 것입니까?

옥문이 열렸지만 도망가지 않는 편을 택하여 오해와 고난을 기꺼이 받는 것입니다. (120쪽)